EDUCAÇÃO E RELIGIÃO

Coleção Docentes em Formação

- Dinâmicas para reunião de pais: construindo a parceria na relação escola e família – *Luciana Maria Caetano*
- Educação e Religião: múltiplos olhares sobre o Ensino Religioso – *Selenir Corrêa Gonçalves Kronbauer e Afonso Ligorio Soares*
- Educação para a paz: um caminho necessário – *Gloria Lourdes Alessi Marchetto*
- Educação religiosa: fundamentação antropológico-cultural da religião segundo Paul Tilich – *Pedro Ruedell*
- Educar para a convivência na diversidade: desafio à formação de professores – *Selenir Corrêa Gonçalves Kronbauer e Marga Janete Ströher*
- Formação de professores: abordagem contemporânea – *Selenir Corrêa Gonçalves Kronbauer e Margareth Fadanelli Simionato*
- Inclusão escolar: implicações para o currículo – *Rejane Ramos Klein e Morgana Domênica Hattge*
- Temas atuais para a formação de professores: contribuições da pesquisa piagetiana – *Luciana Maria Caetano*

Selenir Corrêa Gonçalves Kronbauer
Afonso Maria Ligorio Soares

EDUCAÇÃO E RELIGIÃO

Múltiplos olhares sobre o Ensino Religioso

Dados Internacionais de Catalogação na Publicação (CIP)
(Câmara Brasileira do Livro, SP, Brasil)

Kronbauer, Selenir C. G.,
 Educação e religião : múltiplos olhares sobre o ensino religioso /
Selenir C. G. Kronbauer, Afonso M. L. Soares. – São Paulo : Paulinas, 2013. –
(Coleção docentes em formação)

 ISBN 978-85-356-3613-0

 1. Educação religiosa   2. Educação religiosa – Formação para professores
I. Soares, Afonso M. L.   I. Título.   II. Série.

13-08303   CDD-371.07

Índice para catálogo sistemático:
 1. Ensino religioso escolar : Educação   371.07

1ª edição – 2013
1ª reimpressão – 2013

DIREÇÃO-GERAL:	*Bernadete Boff*
EDITORES RESPONSÁVEIS:	*Luzia M. de O. Sena / Afonso M. L. Soares*
COPIDESQUE:	*Mônica Elaine G. S. da Costa*
COORDENAÇÃO DE REVISÃO:	*Marina Mendonça*
REVISÃO:	*Ruth Mitzuie Kluska*
GERENTE DE PRODUÇÃO:	*Felício Calegaro Neto*
DIAGRAMAÇÃO:	*Jéssica Diniz Souza*

Nenhuma parte desta obra poderá ser reproduzida ou transmitida por qualquer forma e/ou quaisquer meios (eletrônico ou mecânico, incluindo fotocópia e gravação) ou arquivada em qualquer sistema ou banco de dados sem permissão escrita da Editora. Direitos reservados.

Paulinas
Rua Dona Inácia Uchoa, 62
04110-020 – São Paulo – SP (Brasil)
Tel.: (11) 2125-3500
http://www.paulinas.org.br – editora@paulinas.com.br
Telemarketing e SAC: 0800-7010081
© Pia Sociedade Filhas de São Paulo – São Paulo, 2013

Prefácio

Luzia M. de Oliveira Sena*

Educação num contexto de diversidade cultural e religiosa

Ao evidenciar a relação entre educação, cultura e religião, esta obra oferece uma valiosa contribuição, no que se refere ao embasamento científico e à prática pedagógica docente, para os educadores em geral, para aqueles que exercem seu trabalho em escolas públicas e privadas ou em recintos comunitários. A abordagem interdisciplinar apresenta a riqueza de olhares a partir da experiência e da formação religiosa e acadêmica diversificada de seus articulistas.

Nos últimos anos, temos constatado – especialmente neste campo de interação educação e religião – um significativo crescimento de eventos, atividades e, consequentemente, de produção acadêmica, pedagógica, visando a formação de professores, a socialização de experiências, o aprofundamento de questões que envolvem o cotidiano da educação e os desafios vividos pelos docentes em sala de aula. A troca, o compartilhar dos resultados

---

* Graduada em Filosofia e Teologia e mestrado em Ciências da Religião pela Pontifícia Universidade Católica de São Paulo. Docente no Curso de Pós-Graduação Lato Sensu em Ciências da Religião, na mesma Universidade. Iniciou em 1995 a *Diálogo – Revista de Ensino Religioso*, permanecendo até 2005 como diretora desta revista. Atualmente trabalha no Editorial Paulinas, como membro do conselho da Editora e responsável pelas publicações nas áreas de Ciências da Religião, Ensino Religioso, Filosofia, Comunicação Social, entre outras.

de estudos, pesquisas e experiências têm favorecido o crescimento pessoal e profissional dos educadores e a uma melhor compreensão e mudanças dos processos e práticas educativas no contexto diversificado e plural da sociedade brasileira, especialmente em se tratando do componente curricular Ensino Religioso, objeto de tantas discussões e controvérsias. Embora haja ainda um longo caminho a percorrer e desafios a serem vencidos, no que se refere à implementação dessa disciplina em todo o território nacional e à formação do professor para ministrá-la, passos significativos estão sendo dados, graças ao empenho, à persistência, à luta contínua dos profissionais desta área.

A dimensão religiosa é algo inerente ao indivíduo e à sociedade, expressa em múltiplas formas em todas as épocas e culturas, desde os primórdios da humanidade até hoje. A compreensão da relevância dessa dimensão como um elemento indispensável para uma educação integral e integradora do ser humano tem motivado os educadores na sua busca por uma formação que atenda às exigências desse campo do conhecimento no contexto caracterizado pelo pluralismo e diversidade religiosa da sociedade contemporânea.

Nessa perspectiva, tanto a educação religiosa oferecida na modalidade confessional ou em ambientes comunitários, quanto a educação formal apresentada como disciplina curricular, ou seja, como Ensino Religioso, se constituem em espaços educativos, espaços de diálogo interculturais e inter-religiosos, onde se aprende o respeito às diferenças, sejam elas culturais, religiosas, étnicas, de gênero ou de orientação sexual. Sabemos que aceitar as diferenças e conviver com elas não é fácil. Estas, não raro, são percebidas como um perigo ou uma ameaça.

Por outro lado, o Ensino Religioso tem se tornado, no contexto escolar, um importante e imprescindível espaço de diálogo e de partilha, onde as diferentes expressões e vivências culturais e religiosas são expressas e acolhidas de maneira respeitosa na sua diversidade. Colaborando, deste modo, com a construção de um conhecimento religioso capaz despertar e desenvolver sentimentos, convicções e atitudes de respeito mútuo, de valorização da alteridade, de reconhecimento da dignidade de toda pessoa humana. Entendemos que, desde os primeiros anos, a criança deve ser educada para reconhecer que há outras ideias além das suas, que existem diferentes etnias e religiões, todas igualmente válidas e merecedoras de respeito. Assim, estaremos colocando as bases para a construção de uma convivência humana respeitosa e solidária, de uma vida cidadã, de um mundo de paz.

Que os estudos, reflexões e experiências compartilhadas nesta obra, incentivem a todos nós, educadores e educadoras, no nosso empenho de despertar, alimentar e desenvolver, em nós mesmos(as) e nos(as) educando(as), atitudes de respeito mútuo, de reconhecimento positivo do outro e de sua maneira de expressar e vivenciar a sua experiência do mistério de Deus, do Transcendente.

Nesse sentido, penso não seja redundância repetir aqui as sábias e inspiradoras palavras de Dom Helder Camara que, para nós educadores(as), soam como um apelo, um projeto de vida, ou melhor, um projeto educativo de dimensões multiculturais e inter-religiosas que abraça a todos, sem exclusões e intolerâncias, sem preconceitos e discriminações:

Se eu pudesse,
daria um globo terrestre a cada criança...
Se possível, até um globo luminoso
na esperança de alargar ao máximo a visão infantil
e de ir despertando interesse e amor
por todos os povos,
todas as raças,
todas as línguas,
todas as religiões!

Introdução

Selenir C. G. Kronbauer
Afonso M. L. Soares

Este livro tem seu lócus principal nos estudos e pesquisas da relação entre educação, cultura e religião, campo este que se abre sistemática e principalmente a educadores e pesquisadores das áreas de Educação e Ciência da Religião (sem esquecer a Teologia), assim como de áreas afins. Numa perspectiva interdisciplinar, nossa intenção é ajudar os leitores a compreender um pouco mais os diferentes processos de ensino e aprendizagem nos espaços escolarizados e comunitários. Desse modo, os capítulos desta obra, que recebeu colaboração de articulistas de diversas procedências acadêmicas e até religiosas, interessarão a quem se dedica a lecionar e/ou pesquisar o ensino religioso, seja na modalidade não confessional exigida para as escolas públicas, seja na perspectiva interconfessional que se verifica em algumas escolas privadas. Também estão contemplados em alguns capítulos a catequese e a pastoral da educação, a educação em diferentes espaços confessionais, a diferença cultural, a formação inicial e continuada, a formação de lideranças para movimentos e o estudo dos diferentes segmentos escolares, entre outros. Tais elementos estão relacionados à compreensão e à transformação das práticas e conduções da vida e políticas educacionais apresentadas como plataformas para a ordenação e a direção das relações da humanidade com seu entorno (natureza, transcendência, alteridade).

Com esse escopo, o livro foi concebido na proposta capitular que a seguir explicitamos. O capítulo inicial traz uma proposta instigante, nascida da prática de décadas em sala de aula da Profª Maria Celina de Queirós Cabrera Nasser: "Contando histórias em sala de aula: uma dica para o Ensino Religioso". A autora parte da constatação de que o Ensino Religioso (ER), ou o ensino que encontra sua matéria-prima na experiência religiosa, trabalha com um conteúdo que diz respeito à espiritualidade, isto é, à dimensão mais profunda do ser humano. É essa dimensão que nos permite estabelecer a relação de transcendência, ou seja, a experiência da transcendência. A linguagem, campo do pensamento, organiza as ideias e as experiências para expressá-las por meio de uma comunicação que seja tanto fiel a tais ideias e experiências como compreensível pelo outro. A linguagem simbólica talvez seja a melhor forma de expressar a experiência da transcendência, é a ponte que faz o ser humano ir além de si, do mundo, da história. Portanto, encerra a autora, se quisermos trabalhar com um conteúdo tão profundo, basta contar uma história.

Em seguida, o trabalho de Sérgio Rogério Azevedo Junqueira e Cesar Leandro Ribeiro, "Ensino Religioso e espaço sagrado: um roteiro pedagógico a ser explorado", considera que o projeto pedagógico atual para o ER, na perspectiva da escola, prevê a educação para a diversidade, ao direito de conhecer as diferentes formas de orientar o *éthos* dos indivíduos a partir das opções religiosas que interferiram na história, nas artes, no comportamento e em tantas formas da convivência humana. Na base de sua proposta está a convicção de que "conhecer para conviver" é condição fundamental para a aprendizagem. Portanto, os autores abordam justamente essa relação pedagógica que "explora" o espaço sagrado como experiência fundamental a embasar todas as possíveis formas de convivência no campo religioso que farão ou não parte da vida de cada indivíduo. No final, uma proposta de roteiro pedagógico é apresentada como caminho possível.

Em "As linguagens no Ensino Religioso: interfaces com a Literatura brasileira", Remí Klein oferece-nos uma proposta epistemológica e pedagógico-metodológica para repensar as linguagens no ER, na interface com a Literatura Brasileira, numa perspectiva antropológica, existencial e interdisciplinar. Ele parte do pressuposto de que a religiosidade humana é uma dimensão inerente às diferentes culturas e expressões, e, portanto, no cotidiano de nossas vidas e em nossas vivências religiosas, estamos sempre imersos num universo de imagens e de símbolos e de outras representações, que adquirem determinados significados e dão sentido à nossa existência, expressando e apontando para uma realidade que (n)os transcende.

Fecha esse primeiro grupo de textos o trabalho de Afonso Maria Ligorio Soares, "Literatura, Religião e Educação: considerações a partir da Ciência da Religião". O autor é convicto de que precisamos pensar a relação entre educação e religião nas duas pontas: a partir de quem está dia a dia em sala de aula, no ensino fundamental e médio – e daí levantando perguntas para posteriores reflexões – e a partir da pesquisa acadêmica, tecendo provocações e continuamente reelaborando teorias sobre como "reencantar a educação" (Assmann). Sua contribuição é tão somente uma partilha inicial, algo errática, sobre a proposta que desenvolve no Programa de Estudos Pós-graduados em Ciência da Religião da PUC-SP. Trata-se de uma pesquisa que, até aqui, se intitula "Religião, Literatura e Educação", buscando articulações cada vez mais sintonizadas entre essas três forças gravitacionais. Como se trata de um Programa de Ciência da Religião, este é o ponto de partida e a destinação final do exercício, mas não exclui um respeitoso diálogo com a perspectiva teológica.

Os dois capítulos seguintes dedicam um olhar especial à diferença cultural. Em "Plantando raiz para colher flor: educação e aprendizado nas religiões afro-brasileiras", Érica Ferreira da Cunha Jorge e Maria Elise Rivas se propõem a (re)pensar, como sugere o título, a educação nas religiões afro-brasileiras, com a consciência de que estão a evocar tradições, rememorar histórias, narrar mitos e a vivê-los. Admitindo como pressuposto que todas as religiões afro-brasileiras apresentam traços semelhantes no que se refere à transmissão educacional-religiosa das crianças, as autoras discutem a relação entre a família sanguínea e sua consequente descendência e a educação religiosa, com a preocupação de entender como se dá o arranjo familiar e a formação da criança que se insere no contexto religioso afro-brasileiro.

Já em "O Bem Viver e a cosmologia indígena", Cledes Markus sugere-nos que o *bem viver* é uma concepção que apresenta princípios e valores básicos que milenarmente sustentam as culturas indígenas no continente latino-americano. A expressão se refere a um modelo de relações de equilíbrio e reciprocidade entre todas as formas de vida existentes na natureza, concebendo-as todas como sujeitos. Essa concepção apoia-se na cosmovisão, nos mitos e nas tradições religiosas ancestrais que continuam a iluminar a existência desses povos. Na América Latina, diz a autora, essa ideia aflora como uma proposição de projeto de vida e futuro. Dessa forma, o *bem viver* é um horizonte em construção, um conceito que se constitui fundamentalmente ancorado na espiritualidade e cosmologia indígenas. Nessa intenção, conclui a autora, relatos, vivências, olhares e leituras dos povos indígenas trazem o tema para o contexto escolar.

Os capítulos finais problematizam a educação confessional, reconhecendo sua pertinência e contribuição para a educação infantojuvenil, desde que não se confunda esse tipo de perspectiva com o que a lei brasileira contempla para as escolas públicas. O primeiro trabalho, do jesuíta José Ivo Follmann, "Espiritualidade e espiritualidades no contexto das famílias católicas", propõe-se, numa composição harmônica de textos, que mistura o testemunho pessoal com diversas aproximações da vida católica da família brasileira, traz referências sugestivas à realidade indiana, e conclui com a retomada sintética de diferentes formas de espiritualidade católica, suas características e seus fundamentos. Por sua vez, a contribuição de Laude Erandi Brandenburg, "A espiritualidade na escola e a tradição religiosa familiar", parte do questionamento, na escola, à abordagem de confessionalidades e religiões específicas, como a cristã. Seu trabalho ocupa-se com a pergunta pela espiritualidade na escola e sua relação com a tradição religiosa familiar. Assim, analisa como estas podem ser compatíveis e que encaminhamentos pedagógicos se fazem necessários para sua plausibilidade tanto na família quanto na escola, uma vez que ambas, família e escola, são balizadoras da formação integral de um ser humano.

À guisa de conclusão provisória, Selenir C. G. Kronbauer oferece suas ponderações no texto "Formação docente: Ensino Religioso e os desafios no cotidiano da Escola Básica", e considera que a questão da formação docente, na perspectiva da diferença, tem suscitado questionamentos no que se refere aos currículos das Instituições de Ensino Superior e das Escolas de Educação Básica. Ela insiste ser preciso focar a atuação dos e das docentes no contexto de sua formação e atuação ao lidarem com esses temas. E concorda com quem insiste hoje na necessidade de os programas dos cursos de formação docente selarem parceria forte com o meio escolar, assumindo características comuns ao parceiro.

Aí está, portanto, o fruto de nosso trabalho seminal. Certamente, não foi nossa intenção, ao organizarmos a obra, entregar às leitoras e aos leitores um texto homogêneo, fechado numa única perspectiva de Educação e de Ensino Religioso. Nosso escopo foi antes o de mostrar a complexidade dos desafios atuais e a seriedade das propostas que lhes fazem frente. Isso significa que cremos ser possível encetar e aprofundar o diálogo entre os vários protagonistas dessa busca por um reencantamento da Educação.

Contando histórias em sala de aula: uma dica para o Ensino Religioso

*Maria Celina de Queirós Cabrera Nasser**

Introdução

O Ensino Religioso, ou o ensino que encontra sua matéria-prima na experiência religiosa, trabalha com um conteúdo que diz respeito à espiritualidade, isto é, à dimensão mais profunda do ser humano. É essa dimensão que nos permite estabelecer a relação de transcendência, ou seja, a experiência da transcendência. A linguagem, campo do pensamento, organiza as ideias e as experiências para expressá-las por meio de uma comunicação que seja tanto fiel a tais ideias e experiências como compreensível pelo outro. A linguagem simbólica talvez seja a melhor forma de expressar a experiência da transcendência, é a ponte que faz o ser humano ir além de si, do mundo, da história. Como trabalhar com conteúdo tão profundo? Conte uma história.

Este texto expressa, pois, as reflexões nascidas de minha experiência em sala de aula, durante mais de trinta anos de

---

* Mestre em Ciências da Religião pela PUCSP; aperfeiçoamento em Filosofia da Educação pela PUC-SP. E-mail: macelina@uol.com.br.

magistério, e que estão presentes em dois livros,[1] frutos dessa jornada. Minha história tem início no curso de Letras, o que, mais tarde, após estudos sobre filosofia da educação e fenômeno religioso, forneceu os subsídios para o embasamento das reflexões sobre a linguagem simbólica. Encontrei na narrativa (organização do pensamento que conta uma história) um dos recursos mais eficientes para explicar algo. Contar história é nosso ato primordial para explicar as coisas. A mitologia fez isso quando buscou explicar a origem do universo e do ser humano, assim como o nascimento dos sentimentos e emoções. A narrativa também nos dá conforto nos momentos de aflição e encontra um roteiro quando há um excesso de emoção. Vamos ver a seguir como essas coisas acontecem.

1. Para começo de conversa

Para chegarmos à proposta que será aqui apresentada, inicialmente, precisamos estabelecer pontos de partidas. O primeiro deles diz respeito à compreensão que temos do ser humano. Em uma visita a Henrique Cláudio de Lima Vaz,[2] encontramos o ser humano como um *ser de relações*. Para que essas *relações* aconteçam são necessárias *estruturas*. Para Lima Vaz, o ser humano é constituído de três estruturas: corpo físico, psiquismo e espírito. Cada uma dessas estruturas permite que seja estabelecida uma relação correspondente: objetividade; intersubjetividade e transcendência.

E para que as relações aconteçam, é necessária a presença da linguagem. Assim, na relação de objetividade encontramos o *monólogo e o discurso*; na relação de intersubjetividade, o *diálogo*, e na relação de transcendência, a *linguagem simbólica*. Como isso

---

[1] M. C. de Q. C. NASSER, *O que dizem os símbolos?* São Paulo: Paulus, 2003; e M. C. de Q. C. NASSER, *O uso de símbolos*: sugestões para sala de aula. São Paulo: Paulinas, 2006.

[2] H. C. de LIMA VAZ, *Antropologia filosófica I*. 4. ed. São Paulo: Loyola, 1998, para as estruturas; e H. C. de LIMA VAZ, *Antropologia filosófica II*. São Paulo: Loyola, 1992, para as relações.

acontece é o que veremos a seguir. Primeiro vamos falar um pouco de cada estrutura e a relação correspondente, depois comentaremos sobre a linguagem.

CORPO FÍSICO E RELAÇÃO DE OBJETIVIDADE

O corpo físico é a dimensão que constitui o ser humano. Esse corpo físico permite o estabelecimento da *relação de objetividade*. A objetividade aqui é compreendida como a abertura do homem à realidade com a qual estabelece uma relação não recíproca, isto é, não há uma resposta imediata. O homem descreve o mundo; imita os sons que ouve; estabelece um monólogo. O olhar e a fala não têm retorno nem respostas. A única resposta que o homem tem é o eco, isto é, a repetição do que fala. E para compreender melhor essa relação, vamos contar uma história. Na mitologia grega, uma versão conta que a ninfa Eco teria desviado a atenção de Hera, esposa de Zeus, enquanto este cortejava as suas irmãs, e por isso teria sido castigada, tornando-se aquela que não sabe falar em primeiro lugar; portanto, só pode conversar com alguém se esse alguém primeiro lhe dirigir a palavra. Eco só repete os últimos sons da voz que lhe chega. Desesperada por não poder declarar seu amor a Narciso, refugia-se nos bosques e grutas. Se você quiser encontrá-la, basta entrar em uma gruta e chamar por ela. Com certeza ela responderá.

Outra história: Narciso era muito belo e todas as ninfas eram apaixonadas por ele, mas ele não queria o amor delas. As ninfas, então, pediram a Afrodite, deusa do amor, que fizesse com que Narciso se apaixonasse pela própria imagem. E foi isso que aconteceu, quando Narciso, ao ver sua imagem refletida nas águas de um lago, apaixonou-se e, na tentativa de encontrar a fonte de seu amor, mergulhou e afogou-se no reflexo de sua própria imagem.

Assim, a relação de objetividade é aquela que estabelece a verdade no espelho (só é bonito o que é espelho) e no eco.

O bom que é belo e verdadeiro está no espelho e no eco, por isso a ação é unívoca, não tendo nem esperando retorno.

Mas quando outro olhar passa a nos olhar, e esse olhar não é o de um espelho, nem de um reflexo, quando outra fala, e não é um eco, mas uma resposta, temos a presença do outro. Um outro que também olha a realidade e a descreve para nós; que não apenas imita os sons, mas dirige esses sons para nós e espera uma resposta. A presença do outro e a consciência da sua existência, uma vez que sabemos que ele existe, estabelece uma nova relação – a *relação de intersubjetividade*. Tem gente dentro do corpo físico!

Corpo psíquico e relação de intersubjetividade

O psiquismo é a expressão intencional de nosso mundo interior. O espaço do psiquismo é onde começa a delinear-se o centro da interioridade do homem: a consciência. É daí que emerge o EU (consciente e inconsciente). Psiquismo, portanto, é a captação do mundo exterior e tradução ou reconstrução deste mundo em um mundo interior que se edifica em dois grandes eixos: imaginário e afetivo.

É o psiquismo que permite a existência da *relação de intersubjetividade*. A intersubjetividade pressupõe a presença do *outro* que possui um *olhar, uma fala e espera uma resposta;* é uma relação entre duas infinitudes intencionais. Para que ocorra o *diálogo,* é necessário reconhecer o outro como sujeito inteiro com entrega, esperança e confiança.

Porém, quando existe um excesso de ser humano em nós que não se esgota, e, por não se esgotar, não se satisfaz tão fácil, é a dimensão da espiritualidade que nos acolhe.

Espírito ou espiritualidade e relação de transcendência

O espírito é o lugar de acolhimento e manifestação do SER e do consentimento do SER. É pelo espírito que o homem participa do Infinito ou Transcendente ou tem a marca do Infinito ou Transcendente em si. Às vezes temos dificuldades em compreender o espírito. Ao longo da história do ser humano, foram sendo construídas algumas compreensões: *Pneûma*: sopro ou respiração; força vital. Princípio interno de vida ou forma superior de vida; *Noûs*: atividade de contemplação; *Logos*: razão universal ou ordem universal que está presente nas origens do pensamento filosófico. Aqui se estabelece a relação entre espírito e palavra. A palavra inteligível é a manifestação do espírito que confere uma vida propriamente espiritual à palavra proferida, sobretudo no diálogo, e à palavra escrita; e *Synesis*: consciência de si. Assim, é no ponto de encontro desses quatro aspectos (vida; inteligência; ordem da razão e consciência de si) que se unificam os traços fundamentais da experiência espiritual.

Experiência espiritual é o que nos faz *ser humano*, perpassando o corpo (somático) e o psiquismo (alma[3]), por meio da relação de transcendência. É a relação de transcendência que monta a totalidade do ser humano.

Transcender é um ir além que não se restringe ao ir além temporal ou espacial. É o ir além do SER humano, por isso um ir além ontológico.[4] Quando há um excesso de vida em nós, quando nem o corpo físico nem o corpo psíquico dão conta de compreender a vida, transcendemos e nos relacionamos com o Transcendente.

A relação de transcendência que somos capazes de estabelecer representa um mapa de navegação que está escrito em nós, pois temos o infinito em nós. Nada nos basta, tudo é sempre pouco quando a festa é uma celebração para o alimento da vida.

Com esse mapa, talvez, soframos menos naufrágios e perdas da alma (psiquismo). Assim como a Fênix, pássaro que se

---

[3] Aqui, alma é compreendida como psiquê ou psiquismo, diferente de espírito. Aqui, a alma morre quando morremos, mas o espírito é eterno.

[4] Ontologia é o estudo do ser.

consome no seu próprio fogo e renasce das cinzas, reorientamos a nossa vida, a cada tropeço, a cada queimadura.

Com esta rápida definição de ser humano, que pode ser transformado em pequenos grandes estudos, vamos passar para o nosso segundo ponto de partida, que é a compreensão de linguagem simbólica.

LINGUAGEM: MATÉRIA DO PENSAMENTO E MEIO PARA QUE OCORRAM AS RELAÇÕES[5]

A linguagem é campo do pensamento. Toda vez que se fala em linguagem, deve-se remeter ao pensamento. O pensamento[6] precisa de uma forma para expressar-se, uma vez que ainda não somos capazes de leituras telepáticas ou transmissões de pensamentos para nos comunicarmos. Assim, o pensamento é organizado pela linguagem. É ela que coloca em ordem o pensamento para que ele seja possível e passível de ser compreendido pelo outro.

Qualquer que seja o momento histórico, "a linguagem é uma série de sons articulados, mas também é um conjunto organizado de marcas escritas (uma escrita) ou um jogo de gestos (gestualidade)".[7] A construção de uma forma de comunicação entre os homens propiciou a organização e o desenvolvimento das ações, na formação dos grupos sociais, das sociedades, e sua localização no tempo e no espaço.

Assim, podemos afirmar que a linguagem (conjunto de sons articulados, marcas escritas e gestos) é uma realização do pensamento e da experiência humanos, na sua totalidade, além de ser um elemento próprio da comunicação social, para a construção das sociedades. Portanto, a linguagem é o meio no qual as relações humanas acontecem, e o meio para que

---

[5] Trechos retirados do livro *O uso de símbolos*, de Maria Celina Cabrera Nasser.

[6] Ver António DAMÁSIO, *O mistério da consciência*: do corpo e das emoções à consciência de si. São Paulo: Companhia das Letras, 2000.

[7] J. KRISTEVA, *El lenguaje eso desconocido*: introducción a la linguística, p. 14.

elas ocorram. As relações humanas precisam da linguagem para acontecerem.

A narrativa é a primeira forma que encontramos para explicar o que nos rodeia. A descrição facilita saber o que são as coisas e como elas são, mas é a narrativa que explica sua origem. Já a dissertação requer um maior grau de abstração, pois trabalha com conceitos. Diante de um problema, contamos para um amigo, por exemplo, o que está acontecendo. Esse amigo escuta e muitas vezes nos conforta com outra história. Esse foi o recurso encontrado pela mitologia (narrativa que coloca ordem no caos) para explicar a origem do universo e do ser humano. Vamos contar um pouco desta história.

Homero (1000 a.c.) – poeta grego, na suas obras *Ilíada* (poema histórico sobre a guerra de Troia) e *Odisseia* (anos de peregrinação de Ulisses, após a guerra de Troia) – e Hesíodo (século VIII a.c., que escreveu a *Teogonia*) narram como eram os gregos e sua origem. Os gregos moldaram os deuses à sua imagem. Toda arte e pensamento da Grécia se concentravam no ser humano. Por isso, os deuses gregos são humanizados com reações sempre exageradas e extremadas. Para os gregos, o universo criou os deuses. O céu divino era um lugar agradavelmente familiar. Para Mircea Eliade,[8] o mito conta uma história sagrada, relata um acontecimento ocorrido no tempo primordial, o tempo fabuloso do princípio, quando não havia a distinção entre espaço/tempo. O mito narra como, graças às façanhas dos Entes Sobrenaturais, uma realidade passou a existir. É sempre a narrativa de uma criação.

No princípio era o Caos (energia), o Tártaro (abismo vasto, imenso e profundo), violento como um mar escuro, devastador e selvático; e Gaia (terra). Do Caos veio a Noite (Nix), a escuridão (Ébero) e a morte; e o Amor (Eros). Da noite veio o ar (Éter) e o Dia (Emera). Mãe Terra (Gaia) gera o Pai céu (Urano).

---

[8] Mircea ELIADE, *Mito e realidade*. 3. ed. São Paulo: Perspectiva, 1991.

Urano deitava-se constantemente sobre a Terra, não deixando espaço entre os dois. Da união de Gaia com Urano, nasceram os monstros pré-humanos, os Titãs, as Titânidas (Teia; Reia; Tétis) e os Ciclopes. Todos permaneciam sempre dentro de Gaia.

Um dos Titãs, Crono (que também representa o tempo), com a ajuda de sua mãe Gaia, que lhe prepara uma foice, e de outros monstros, enfrenta Urano, cortando seus órgãos genitais, lançando-os ao mar. Essa é considerada uma das origens de Afrodite. Com a dor, é criado o espaço entre o céu (Urano) e a terra (Gaia), e o tempo aparece.

Crono uniu-se à sua irmã, Reia, e, com medo de que seus filhos o derrotassem, como ele havia feito com seu pai, comia-os (o Tempo como devorador de tudo, principalmente da juventude, beleza e poder). Reia, para salvar um dos seus filhos, embrulha uma pedra como se fosse uma criança e dá para Crono comer.

Zeus, o filho salvo, é criado longe do pai e, quando cresce, volta para enfrentar o pai, cumprindo a maldição que Urano havia jogado em Crono. Zeus, disfarçado, oferece uma poção a Crono que faz com que vomite seus irmãos e irmãs (Possêidon; Hades; Hera; Deméter e, por fim, Héstia). Inicia-se uma guerra violenta entre Crono e Zeus. Crono chama os Titãs, filhos da terra; Zeus chama seus irmãos e alguns titãs, como Oceano, que ficou ao seu lado. Temos a Primeira Guerra Mundial de Titãs (pai contra filhos). Os filhos vencem. O mundo, então, fica assim dividido entre os irmãos: Zeus escolhe o céu e a superfície da Terra; Possêidon fica com as águas dos mares e oceanos, e a Hades cabe o mundo inferior ou as profundezas da Terra; para alguns, o inferno. Cada deus reina em seu mundo e... *mas isso é uma outra história, que fica para uma outra vez.*

Nesta rápida narrativa, encontramos exemplos e explicações de fatos que ocorrem até hoje com o ser humano: seja a briga com o tempo (Cronos) na tentativa de controlá-lo, buscando a eterna juventude; a briga pelo poder nas empresas familiares, na qual os membros se devoram; a proteção dos filhos pelas mães, e outros tantos exemplos, que ficam mais fáceis de serem compreendidos quando se conta uma história.

Além disso, sendo a linguagem o meio no qual ocorrem as relações humanas, ela possibilita a organização do pensamento, favorecendo o conhecimento e o autoconhecimento dos homens e mulheres, ao longo das épocas e civilizações. A linguagem organiza e exercita o pensamento; expressa as experiências e constrói a história por meio da memória. O esquecimento desorganiza e desorienta os homens, que, sem a lembrança do seu passado, expresso por meio da linguagem, e concretizado em uma língua com a palavra, impossibilita a construção do futuro e o reconhecimento do presente. Com a perda da memória, perde-se o mais pessoal e próprio que possuímos, que é a nossa identidade e, como decorrência, a nossa história.

Para Vygostky: "A relação entre o pensamento e a palavra é um processo vivo; o pensamento nasce através das palavras. Uma palavra desprovida de pensamento é uma coisa morta, e um pensamento não expresso por palavras permanece uma sombra. A relação entre eles não é, no entanto, algo já formado e constante; surge ao longo do desenvolvimento e também se modifica".[9]

O Tempo,[10] tema tão complexo para nossa compreensão, na linguagem passa a ter um sentido, seja enquanto significado, seja enquanto direção. Os verbos, que expressam as ações, indicando o momento em que elas ocorreram, possuem um tempo específico. Porém, reduzir o tempo ao tempo verbal gramatical

---

[9] L. S. VYGOTSKY, *Pensamento e linguagem*, p. 131.

[10] Sobre o "tempo gramatical dos verbos, tempo rítmico, tempo sagrado e tempo profano", ver Walter I. REHFELD, *Tempo e religião*, São Paulo: Perspectiva/EDUSP, 1988. pp. 37-61. Sobre o tempo e a história, ver Ivan DOMINGUES, *O fio e a trama*, São Paulo: Iluminuras; Belo Horizonte: Ed. UFMG, 1996, onde o autor alerta que "tratar o tempo da história a partir do paradigma da linguagem, um pouco é tratar o tempo histórico como tempo gramatical ou tempo do verbo" (p. 89). Sobre o tempo e a música, o livro de Thais Curi BEAINI, *Máscaras do tempo*, Rio de Janeiro: Vozes, 1994, é uma obra marcada pela sua profundidade e pela beleza.

não só simplifica um problema de grande complexidade, mas também deixa de lado a temporalidade do tempo. O que se tem, ao analisar o tempo na linguagem, é a tentativa de localizar um fato no momento em que ele ocorreu ou ocorre ou está ocorrendo; o que não significa congelá-lo nesse tempo ou ter domínio sobre ele. Lembremos, apenas, que a eternidade não é um tempo longo sem fim, mas a ausência do tempo.

Por exemplo, o tempo na criação do mundo poderia ser olhado através do Verbo: Deus cristão é Verbo – autogerou-se, por ser ação pura. Do Verbo vieram os nomes – a criação. E o Verbo se fez carne, fez-se nome – o Homem, Sua criação. "Deus se fez humano para que o humano se fizesse Deus."[11]

A linguagem está presente na nossa vida e em todas as relações que o homem estabelece, descritas acima. Resumindo: na relação com o mundo, a linguagem aparece como expressão deste mundo na forma de *discurso* (relação de objetividade), e é quando o homem descreve e dá nome ao mundo. Na relação com o outro, a linguagem se apresenta como *diálogo*. É quando o homem diz ao outro quem ele é, e responde quando este pergunta. Nessa relação, expressam-se os seres humanos políticos, econômicos e sociais. Na relação entre as pessoas, chamadas de sujeitos, é por meio da linguagem que se dá a resposta e o reconhecimento de quem sou. Na resposta do outro, reconheço, ou seja, conheço de novo, a mim mesmo. Esse mesmo diálogo ocorre em cada um de nós, no nosso mundo interior (psiquismo), quando conversamos conosco.

Quando estamos plenos de alegria ou de tristeza, quando algo nos acontece que parece ser maior do que nós, quando transbordamos de nós mesmos, precisamos conversar com alguém que nos compreenda. Nesse momento, pode ocorrer um diálogo com um amigo ou amiga, isto é, com alguém que nos ame. Porém, como expressar o que estou sentindo e pensando, se

---

[11] Leonardo BOFF, *A águia e a galinha*: uma metáfora da condição humana, p. 161.

nem eu mesmo consigo entender? Nesse momento usamos os símbolos. A linguagem simbólica, portanto, é uma ponte que liga o homem ao outro homem no que de mais humano cada um possui.

A linguagem simbólica acontece quando, ao invés de conter um sentido objetivo e apreensível, ocultamos um sentido invisível e mais profundo e que não pode ser expresso diretamente. Assim, a linguagem simbólica vai além do nome que identifica o objeto, ampliando seu sentido, dando-lhe novo significado e direção. A linguagem simbólica é usada quando se esgotam as expressões comuns, quando o desconhecido está presente. É a linguagem dos poetas, artistas; é como nos comunicamos com o Transcendente.

Para a compreensão da linguagem simbólica, nada melhor que usar um símbolo. O símbolo da *ponte* representa um belo significado, na medida em que permite a passagem de um lado para outro; ao mesmo tempo, é um mediador e faz a passagem entre dois estados diferentes. Assim será compreendida a linguagem simbólica, como uma ponte.

Sintetizando, por meio do Batismo (sacramento), o homem recebe um nome que o diferenciará e, ao ser chamado, será reconhecido por Deus. Da mesma forma, o homem nomeia as coisas para ser reconhecido nelas. Ao criar os símbolos, o homem expressa o que não tem nome, dando vida à sua criação. Mas o homem precisa da memória para que se lembre de si, dos outros, do mundo, construa a sua história e recorde o criador.[12]

Talvez o Criador tenha colocado na criatura a capacidade de transcender para poder comunicar-se com ela. Deu a ela o mapa para orientá-la. Por meio da memória, podemos lembrar de um tempo fora do tempo, anterior ao hoje. A memória também é ponte, assim como a linguagem simbólica, para que

---

[12] Sobre a experiência do tempo no homem bíblico, ver Walter I. REHFELD, *Tempo e religião*: a experiência do homem bíblico. São Paulo: Perspectiva/EDUSP, 1988.

uma caminhe sobre a outra sem constrangimentos, com total familiaridade e entrosamento.

A linguagem utilizada nessa comunicação estrutura-se na capacidade de dizer o indizível. Ao bloquear essa linguagem, interrompe-se a comunicação com o Criador. Sem ponte para atravessar o abismo que separa os homens do Transcendente, resta o isolamento, a solidão, a estagnação.

A transcendência, como experiência, revela a dimensão mais divina do ser humano, marcando todas as suas ações, impelindo-as para o Bem e a Verdade. Como comunicar essa dimensão, essa relação e essa experiência de transcendência? A linguagem é a expressão da alma e a linguagem simbólica se apresenta como uma porta que abre caminho para que a transcendência se manifeste. O símbolo, como aqui é compreendido, é um atalho de acesso ao Transcendente. Um veículo capaz de transportar o indizível e torná-lo, pelo menos, externo e, assim, aos poucos sendo desvelado.

O símbolo busca traduzir o mistério e recorre à linguagem simbólica para sua expressão. E a expressão em sua própria língua realiza o mistério da própria Vida.

E o Ensino Religioso?

Relacionando os conteúdos apresentados, podemos afirmar que o Ensino Religioso trabalha com conteúdos da dimensão mais profunda do ser humano – a espiritualidade e a relação de transcendência. Considerando que o meio em que ocorre essa relação é o da linguagem simbólica, conte uma história.

Como vimos, desde há muito tempo que contamos histórias para explicar quem somos, de onde viemos e como estamos enfrentando os desafios do mundo e da vida. Contamos histórias quando narramos um evento que aconteceu conosco para que outros saibam que não estão sozinhos em suas buscas. E o outro também conta sua história para explicar que compreende.

Tomemos o exemplo da Jornada do Herói proposto por Joseph Campbell.[13] A Jornada do Herói representa a nossa jornada pessoal de desenvolvimento. Quando lemos ou assistimos a um filme ou peça de teatro que relata a história de alguém, herói ou não, procuramos encontrar nela respostas para os nossos próprios desafios e problemas. E assistimos várias vezes ao mesmo filme ou lemos repetidas vezes o mesmo livro para aprender a lidar com os nossos problemas e obstáculos. Aprendemos com os heróis, pois nos identificamos com eles na busca de nossa própria identidade. Para as crianças e adolescentes o herói representa, simbolicamente, uma amostra do que irão encontrar pela vida. Portanto, as histórias infantis, que na sua origem não eram destinadas para crianças, os contos de fadas e as jornadas dos heróis contêm, pedagógica e didaticamente, processos de ensino-aprendizagem para o desenvolvimento do ser humano.

As etapas da Jornada do Herói, segundo Joseph Campbell,[14] encontradas na grande maioria das histórias e em nossa própria jornada, são: 1. A Partida (isolamento e rompimento) com: o chamado da Aventura; a recusa ao chamado; o auxílio sobrenatural dado por um ancião ou por uma anciã; a passagem pelo primeiro limiar – o encontro com o guardião; o ventre da baleia ou "a caverna oculta". 2. A Iniciação: o caminho das provas; o encontro com a deusa; a mulher como tentação; a sintonia com o pai; a apoteose e a bênção última para o retorno. 3. O Retorno: a recusa do retorno; a fuga mágica; o resgate com auxílio externo; a passagem pelo limiar do retorno; Senhor de dois mundos e Liberdade para viver.

Tudo começa com o chamado da aventura. Esta é a primeira etapa da Partida. Tal chamado refere-se a tudo que desestabiliza a situação em que o herói se encontra. O personagem está

---

[13] J. CAMPBELL, *O herói de mil faces*. 10. ed. SP: Cultrix/Pensamento, 1997.

[14] A referência completa encontra-se em Maria Celina de Q. C. NASSER, *O uso de símbolos*: sugestões para sala de aula. São Paulo: Paulinas, 2006.

tranquilamente em sua casa, ou em um lugar que lhe é muito familiar, ou fazendo coisas que sempre fez a vida toda, e algo ocorre para mudar tudo. A primeira reação é de recusa ao chamado. Ao recusar, torna-se vítima do destino, perde o poder da ação significadora. Nesse momento, o herói fica prisioneiro do tempo e do espaço e não se torna sujeito de suas próprias decisões, ele perde sua autonomia (*auto* = próprio; *nomus* = lei). As decisões passam a ser tomadas pela vida que o conduz; e ele não mais conduz sua própria vida. Segundo Leonardo Boff: "Se a pessoa não obedecer ao chamado do real, não será fiel ao tempo, nem a ela mesma. E perderá a chance de criar um centro fecundo, convergência das duas escutas: da natureza exterior e da natureza interior".[15]

Ao recusar, normalmente, algo ocorre de muito grave, por vezes a morte de alguém muito próximo ou a perda de um amigo, ou ainda a doença grave de um ser amado. Esse fato tem a função de impulsionar o herói a reagir, e responder positivamente ao chamado da aventura.

Ao aceitar o chamado e romper com o arquétipo[16] paternal, o herói inicia sua trajetória. Nesse momento, ele recebe de uma figura protetora o auxílio sobrenatural para superar as provas e obstáculos. Esse auxílio pode vir em forma de um amuleto, de um instrumento dotado de uma força sobrenatural que irá proteger o herói durante sua trajetória. Esse auxílio é, na maioria das vezes, dado por um ancião ou anciã em quem o herói confia.

De posse do auxílio sobrenatural, o herói precisa passar pelo primeiro limiar. No limiar que separa o mundo conhecido do mundo desconhecido, está o guardião. O guardião conhece tudo dos dois mundos e sabe o que o herói deve fazer, e saberá se ele o enganar, não cumprindo as tarefas. Normalmente, o

---

[15] L. BOFF, *A águia e a galinha*. 22. ed. Petrópolis: Vozes, 1997. p. 104.

[16] Arquétipo é um conceito de Carl Gustav JUNG, que significa *energia psíquica*. Essa energia, quando recebe uma informação, transforma-se em uma imagem ou forma.

guardião é uma figura grande, não muito agradável, chegando a ser horripilante para o herói, naquele momento.

J. Campbell nos apresenta o último momento da partida como sendo o ventre da baleia: "A ideia de que a passagem do limiar mágico é uma passagem para uma esfera de renascimento é simbolizada na imagem mundial do útero, ou ventre da baleia".[17]

Assim, o herói transpõe o primeiro limiar e entra no ventre da baleia que representa todo o espaço em que ocorrerão as transformações para que, ao retornar, ele renasça. Pode ser o deserto, a selva, o fundo do mar, uma terra estranha. Toda a transformação pela qual o herói irá passar o tornará diferente, havendo um renascimento. A história do Livro de Jonas[18] ilustra essa imagem arquetípica do ventre da baleia. Jonas recusa-se a ir a Nínive pregar, como Deus havia mandado. Ele foge de barco para Társis. Deus lança um grande vento sobre o mar.

E houve uma tempestade tão grande que todos pensaram que o barco ia naufragar. Os marinheiros tiveram medo e rezaram, cada um a seu deus. [...]

Entretanto, Jonas tinha descido ao porão do navio e ali se deitou, dormindo um profundo sono. O capitão foi procurá-lo e lhe disse: "Como podes dormir tão profundamente? Como podes dormir no meio deste desespero que nos faz sucumbir? Levanta-te, desperta, invoca teu Deus. Talvez esse teu Deus possa nos ouvir, talvez que, com esse teu Deus, não pereçamos".

O tempo passou. E então se disseram uns aos outros: "Nós não vemos uma solução. Joguemos os dados para sabermos por que esse mal nos acontece". Eles lançaram os dados e caiu a sorte sobre Jonas. [...] Jonas lhes disse: "Peguem-me e lancem-me ao

---

[17] Joseph CAMPBELL, *O herói de mil faces*, p. 91.

[18] Ver J. Y. LELOUP, *Caminhos da realização*. 12. ed. Petrópolis: Vozes, 1996, p. 22.

mar". Ele reconheceu que ele era a causa do que lhes acontecia. [...]

Os homens puseram-se a remar, energicamente, em direção à costa, e não conseguiram chegar porque o mar se agitava cada vez mais contra eles. Então clamaram Àquele que É, dizendo: "Por favor, Senhor, não nos faças perecer por causa deste homem...". Então eles pegaram Jonas e o lançaram ao mar. E o mar acalmou a sua fúria. [...]

Neste momento, Aquele que É preparou um grande peixe para engolir Jonas. E Jonas esteve nas entranhas do peixe durante três dias e três noites. Nas entranhas do peixe, Jonas rezou a seu Deus, rezou Àquele de quem fugiu e de onde não mais podia fugir. [...] E, neste momento em que Jonas aceitou o desejo que habitava nele, quando escutou a voz que estava nele, o peixe o vomitou sobre a terra firme.[19]

Toda vez que não atendemos ao chamado da nossa vida, algo acontece para nos alertar do que estamos fazendo.

Temos agora uma nova etapa – a iniciação. Dando início à trajetória, o herói tem pela frente várias etapas, pelas quais pode ou não passar. O caminho percorrido é repleto de obstáculos e batalhas, nos quais a vida e a morte estão em constante luta. O primeiro momento é o caminho das provas.

Os obstáculos vão aparecendo, um após o outro, e a cada vitória o herói se fortalece. Para a nossa criança, os obstáculos são: a nova classe, os colegas, as regras de convivência, as informações que precisam ter significado para serem transformadas em conhecimento e, o mais difícil de tudo, a avaliação. Nesse momento, o auxílio sobrenatural, o amuleto, tem importância fundamental.

---

[19] Ibid., p. 22.

Esse é um dos momentos mais importantes, tanto da história infantil como do crescimento da criança, isto é, a conquista da autoconfiança. A criança não mais precisa do cobertor, do ursinho, e o deixa no chão da escola ou o esquece em um lugar qualquer. Nessa hora, a criança descobre sua própria força e inicia sua autonomia.

J. Campbell apresenta, em seguida, algumas etapas que, por vezes, não aparecem em todas as jornadas. Uma delas diz respeito ao encontro com a deusa. Essa etapa aparece nas histórias em que há uma mulher, às vezes uma princesa, e o herói se encontra com ela para seu teste final. "O encontro com a deusa (que está encarnada em toda mulher) é o teste final do talento de que o herói é dotado para obter a bênção do amor (caridade: *amor fati*), que é a própria vida, aproveitada como o invólucro da eternidade."[20] Casando com a deusa, o herói se torna o rei de tudo.

Na sequência, temos a mulher como tentação. Na verdade, é a tentação personificada em uma mulher ou em serpente, símbolo feminino da transformação. Em muitas histórias, a mulher aparece para desviar o herói de suas tarefas. Na Jornada do Herói, há dois tipos de tentação: a da carne, exercida pela sedução; e a do espírito, pelo poder. Em qualquer uma delas, o herói precisa lutar para retornar às suas tarefas. Sua vontade de superar um obstáculo deve ser maior que o desejo de largar tudo para divertir-se.

Uma das etapas mais significativas e que diz respeito à identidade do herói é a sintonia com o pai. Na maioria das histórias, essa etapa está presente. Ou o herói não conhece o pai e sai em busca dele (Lucas Skywalker, que busca o pai para trazê-lo de volta para o lado claro da Força em Star Wars; Super Homem, que vai à busca da sua identidade e a encontra na Fortaleza que seu pai construiu para ele), ou inicia sua jornada

---

[20] J. CAMPBELL, *O herói de mil faces*, p. 119.

para resgatar o pai que fora raptado, ou ainda ele vai vingar a morte do pai (Hobin Hood; Batman; Rei Leão).

Quando o herói consegue vencer todas as provas, acontece a apoteose. Ele conseguiu cumprir sua missão; venceu seus medos, monstros, perigos, e está pronto para receber a bênção última, que representa a energia de vida. Ele agora está pronto para retornar.

Porém, o retorno, última etapa da jornada, é um dos momentos mais difíceis para o herói. Tanto que, em um primeiro instante, há a recusa do retorno, pois o herói recusa comunicar seus feitos. Ele teme que não acreditem nele, que ele seja ridicularizado e que zombem dele. Afinal de contas, ele saiu de um jeito e está voltando completamente diferente. Ele será aceito? Ele aceitará os outros? Há uma mudança interna que ocorreu – o herói conquistou sua autonomia. Como alguém, uma criança tão pequena, pois era assim que era visto, foi capaz de vencer os desafios tão grandes da vida?

Porém, quando o troféu é obtido com a oposição dos guardiões, ou quando o herói engana o guardião para obter o troféu, ocorre a fuga mágica. O herói foge, pois ele trapaceou e o guardião sabe. Ele contratou alguém para buscar a flor mágica que salvaria a princesa e, na verdade, o herói verdadeiro é quem conquistou o troféu com honestidade e dignidade. Quando o "herói" trapaceia, ele não pode passar pelo limiar do retorno e precisa fugir.

Antes do retorno, por vezes o herói não consegue superar os obstáculos e sucumbe ao perigo. Nesse momento ocorre o resgate com auxílio externo, que é quando o mundo exterior tem que ir ao encontro do herói para recuperá-lo, pois ele não foi capaz de cumprir as tarefas. Ele pode ter ficado preso, ou doente, ou sem forças para continuar. Os amigos aparecem nessa hora, para resgatar o herói.

A última crise pela qual tem que passar o herói é a passagem pelo limiar do retorno, que o leva do reino místico à terra cotidiana. Trata-se do momento mais difícil, no qual o herói precisa reunir todas as suas forças. Ele tem dúvidas sobre seu retorno, teme comunicar seus feitos; não sabe se sobreviverá ao impacto do retorno, pois voltará a uma vida "normal", diferente de tudo que vivera como herói. Seus amigos irão reconhecê-lo? Ele ainda terá amigos no lugar de onde saiu? Ele mesmo os considerará amigos? Superada a crise, nosso herói torna-se Senhor de dois mundos, mundo conhecido e mundo desconhecido. O herói tornou-se mais que humano e com isso conquista a Liberdade para viver, ou seja, a autonomia e liberdade para realizar escolhas. Assim, ao término de sua jornada, o herói retorna modificado. Essas mudanças ocorrem no mundo interior do herói e assemelham-se à construção do ser humano, à construção de nossa vida.

Trabalhar com a Jornada do Herói é muito rico e os estudantes se envolvem com muita facilidade. A batalha entre o Bem e o Mal, com os devidos cuidados ideológicos, e considerando o Mal como tudo o que destrói e impede o desenvolvimento do ser humano; a superação dos obstáculos; a busca pela Justiça e a força da Fé, com certeza são temas para o Ensino Religioso, pois tratam da relação de transcendência.

Assim...

Era uma vez, há muitos anos, em uma terra distante, um Homem que sonhou com um mundo de paz...

Referências bibliográficas

BOFF, Leonardo. *A águia e a galinha*: uma metáfora da condição humana. Petrópolis, RJ: Vozes, 1997.

BUBER, Martin. *Eu e tu*: tradução e introdução de Newton Aquiles Von Zuben. São Paulo: Cortes & Moraes Ltda., 1977.

CAMPBELL, Joseph. *O herói de mil faces*. 10. ed. São Paulo: Pensamento, 1997.

CAMPBELL, Joseph; MOYERS, Bill (organizado por Betty Sue FLOWERS). *O poder do mito* (The Power of Myth). Tradução de Carlos Felipe Moisés. São Paulo: Pala Athenas, 1990.

CASCUDO, Câmara. *Dicionário do Folclore Brasileiro.* 9. ed. Rio de Janeiro: Ediouro Publicações S.A., sd.

CHEVALIER, Jean; GHEERBRANT, Alain. *Dicionário dos símbolos*: mitos, sonhos, costumes, gestos, formas, figuras, cores, números (*Dictionnaire des Symboles*: mythes, rêves, coutumes, gestes, formes, figures, couleurs, nombres). Tradução de Cristina Rodrigues e Artur Guerra. Lisboa: Editorial Teorema, Ltda., 1982.

ELIADE, Mircea. Mito e realidade, 3. ed. São Paulo: Perspectiva, 1991.

GIRARD, Marc. *Os símbolos na Bíblia:* ensaio de teologia bíblica enraizada na experiência humana universal. Tradução Binôni Lemos, São Paulo: Paulus, 1997.

HERDER, Johann Gottfried. *Ensaio sobre a origem da linguagem* (Abhandlung über den Ursprung der Sprache). Tradução de José M. Justo. Lisboa: Edições Antígona, 1987.

JACOBI, Jolande. *Complexo, arquétipos, símbolos na Psicologia de C. G. Jung.* 10. ed., São Paulo: Cultrix, 1995.

JUNG, Carl G. *O homem e seus símbolos* (The Man and his Symbols). Tradução Maria Lucia Pinho. Rio de Janeiro, Nova Fronteira, 1964.

KRISTEVA, Julia. *El lenguaje, ese desconocido*: introducción a la linguística (Le Langage, cet inconnu). Traduccion María Antoranz. Madrid: Editorial Fundamentos, 1988.

LELOUP, Jean Yves. *Caminhos da realização.* 12. ed. Petrópolis: Vozes, 1996.

NASSER, Maria Celina de Queirós Cabrera. *O que dizem os símbolos?* São Paulo: Paulus, 2003.

_____. *O uso de símbolos*: sugestões para sala de aula. São Paulo: Paulinas, 2006.

SANFORD, John A. *Mal: o lado sombrio da realidade.* Tradução de Sílvio Pilon e João Silvério Trevisan. São Paulo: Paulinas, 1988.

VAZ, Henrique C. de Lima. *Antropologia filosófica I e II.* São Paulo: Loyola, 1992.

VYGOTSKY, L. S. *Pensamento e linguagem* (Thought and Language). Tradução de Jeferson Luiz Camargo. 2. ed. São Paulo: Martins Fontes, 1989.

Ensino Religioso e espaço sagrado: um roteiro pedagógico a ser explorado

Sérgio Rogério Azevedo Junqueira*
Cesar Leandro Ribeiro**

O projeto pedagógico atual para o Ensino Religioso na perspectiva da escola prevê a educação para a diversidade, ao direito de conhecer as diferentes formas de orientar o *éthos* dos indivíduos a partir de suas opções religiosas que interferiram na história, nas artes, no comportamento e tantas formas da convivência humana. Na base dessa proposta encontra-se o fato do "conhecer para conviver" como condição fundamental para a aprendizagem.

Este texto procura abordar justamente essa relação pedagógica possível entre a "exploração" do espaço sagrado como experiência fundamental que embasa todas as possíveis formas de convivência no campo religioso, que farão parte ou não da vida de cada indivíduo. Para tanto, uma proposta de roteiro pedagógico é apresentada como caminho possível, pretendendo-se apenas ser inspiradora para outros delineamentos possíveis nesse mesmo âmbito pedagógico.

Antes, no entanto, julga-se oportuna a apreciação preliminar de três questões relacionadas ao Ensino Religioso, que se estabelecem como pressuposto científico para se viabilizar a presente proposta de forma consistente, educativa e pertinente: a) Da superação do ensino prosélito à relação com o Espaço

---

* Livre-docente em Ciências da Religião, doutor em Ciências da Educação, pedagogo.
**Mestre e licenciado em Filosofia.

Sagrado; b) O espaço sagrado e sua importância pedagógica para o Ensino Religioso; c) o turismo pedagógico como possibilidade para a Educação.

Da superação do ensino prosélito à relação com o Espaço Sagrado

No Império brasileiro, a orientação para aula de Religião estava garantida pela legislação de 1827 (BONAVIDES; AMARAL, 1996, 142). Com a proclamação da República, a disciplina foi retirada do currículo e retornou em 1931 nas instituições públicas de "instrução primária, secundária e normal" (BRASIL, 1931, 703). No final do século XX, com a revisão da Lei de Diretrizes e Bases da Educação Nacional (BRASIL, 1996), mais precisamente no ano de 1997, pela Lei n. 9.475, foi orientado um novo perfil para que o Ensino Religioso assumisse uma perspectiva que valorizasse a diversidade religiosa na qual a sociedade se apresenta, sendo vedadas quaisquer formas de proselitismo.

Por essa breve síntese histórica, percebe-se que, desde a primeira legislação ainda no Império brasileiro, vem-se buscando a reorganização desse componente curricular. No decorrer destes anos, o Ensino Religioso passou a ser visto como elemento oportuno para o desenvolvimento humano na perspectiva da educação, desde que não seja limitado ao âmbito do proselitismo. Acompanhando a evolução cultural do Estado brasileiro, essa disciplina passou a ser vista na perspectiva da escola, recebendo abordagens de cientificidade próprias desse meio.

Um dos principais avanços do Ensino Religioso enquanto processo educativo na atualidade, em seu currículo, é a possibilidade de leitura da interferência do fenômeno religioso na sociedade. Nesse contexto, é fundamental o conhecimento do universo simbólico, dos ritos, das festas, dos tempos e dos templos dedicados às perspectivas religiosas; a influência desses elementos na vida das pessoas, na cultura, nas decisões éticas e nos comportamentos morais que constituem o *éthos* brasileiro. Tudo isso se constitui como Espaço Sagrado, que recebe influência constante da sociedade e ao mesmo tempo a influencia, mas sempre SAGRADO.

O Ensino Religioso torna-se autêntico processo educativo ao adentrar nesse espaço sagrado como uma possibilidade de oportunizar o conhecimento dessas realidades e, mais do que isso, oportunizar a experiência desses espaços, uma vez que o sagrado só se pode conhecer a partir da aproximação da experiência que o origina. No entanto, essa abordagem se dá enquanto disciplina que estuda, de forma acadêmica, o fenômeno religioso e as manifestações do sagrado presentes na sociedade. Não se confunde com as religiões, que se constituem nos espaços propriamente ditos. Ao mesmo tempo, não se limita a uma isenção distante, visto que a abordagem do âmbito religioso se dará sempre tendo como referência o universo no qual cada educando está inserido, como, por exemplo, as experiências que trazem de suas famílias. Há e haverá sempre uma relação complexa, pois o elemento religioso retrata sempre a dimensão de ligação e religação entre a diversidade (JUNQUEIRA; WAGNER, 2011, 50-52).

Para Fausto, o espaço sagrado permite um esquema no qual os diversos elementos religiosos podem ser postos em relações múltiplas (FILHO, 2012, 64). Nesse sentido, aprofundar os estudos sobre os espaços sagrados implica a busca por significados e simbolismos particulares a cada cultura ou tradição religiosa, mística ou filosófica, e ao mesmo tempo a revisão interior de cada indivíduo com essas abordagens. São lugares em que cada pessoa encontra-se com seu próximo e, sobretudo, com o Transcendente e consigo mesmo.

O espaço sagrado é sempre uma realidade na qual há direcionamento à transcendência, pois o sagrado é sempre perpetuado a partir de dados concretos, no espaço e no tempo, embora não limitado a estes. Mesmo o espaço físico, ocupação, lugar religioso, traz sempre em si um conjunto de significações que tornam as experiências religiosas sempre atuais, concretas, permanentes. Ele constantemente elucida as práticas ritualísticas e é carregado de conhecimentos variados, como espiritualidades, os símbolos religiosos e os textos sagrados. Tudo isso se constitui também conteúdos da área do Ensino Religioso.

De fato, os lugares sagrados simbolicamente são a materialização de onde o Sagrado se manifesta. Esses espaços construídos são de significação simbólica da presença do Transcendente e são marcos nos quais as tradições religiosas expressam suas experiências mais profundas, como, por exemplo, em paisagens, artes sacras, santuários, dentre outros. Fausto assinala (2012, 72) o espaço sagrado como palco privilegiado das práticas religiosas. Por ser o próprio mundo da percepção, ele carrega marcas distintivas da religião, conferindo singularidades peculiares aos mundos religiosos.

O espaço sagrado e sua importância pedagógica para o Ensino Religioso

O espaço sagrado se apresenta como palco privilegiado das práticas religiosas. De que forma, no entanto, o Ensino Religioso no contexto da escola pode tratar essa questão de forma pedagógica, educativa?

A escola, por meio do Ensino Religioso, pode aproximar os estudantes dos espaços religiosos, permitindo-lhes a compreensão sobre como o sagrado é organizado, como se distribuem os símbolos, realizam-se os ritos, demarcam-se as formas de manifestação do poder das autoridades religiosas; enfim, como são materializadas as diferentes teologias das tradições. Com tudo isso, esperam-se o favorecimento do aprendizado da convivência humana religiosa e a perda de alguns temores que encontram sua causa no desconhecido ou no preconceito (CORRÊA, 2008, 10-12).

Algumas questões-chave podem ser consideradas ao se conceber atualmente a disciplina do Ensino Religioso enquanto processo educativo. Na sequência, estão destacadas algumas que podem ser pertinentes para melhor aproveitamento da abordagem do tema proposto – que tem na sua gênese a promoção da experiência concreta em espaços sagrados e, consequentemente, das várias formas de aprendizagem que podem florescer dessa realidade, tais como o *conhecimento da dinâmica do pluralismo religioso*, que contribui para a compreensão da diversidade que está cada vez mais consolidada como uma realidade social urbana, fruto da dinâmica cultural globalizada, na qual são localizadas a implosão dos grandes paradigmas e a fragmentação do conhecimento. No plano das instituições religiosas, representa a relatividade dos discursos no que tange às respostas ao mundo em constante mutação. O Ensino Religioso poderá abordar a pluralidade religiosa como tema, buscando as suas causas e consequências, quase sempre relacionadas às questões culturais em geral. Ao mesmo tempo, diante da pluralidade, torna-se possível identificar os elementos comuns, bem como as variações presentes entre as diversas tradições religiosas.

Outro aspecto a ser considerado é o *desenvolvimento da identidade religiosa*, que se refere a uma imagem institucional necessária e demonstra a materialidade da religião e a representação pela qual o indivíduo e o grupo se identificam. Todavia, ao destacarmos a identidade religiosa, também estamos diante de uma construção que remete à materialidade histórica, à memória coletiva, à espacialidade da própria revelação religiosa processada em determinada cultura. Condiciona-se a uma determinada temporalidade e espacialidade, perpassando o reconhecimento institucional da religião. O desenvolvimento do "sentido de pertença" pode ser estudado nesse contexto como a "cola" que gera a adesão das pessoas às religiões, como também estudado como movimento pessoal, experiencial, no qual a identidade de cada indivíduo se constitui na medida em que se identifica com as opções religiosas previamente estabelecidas.

Dessa forma, contribui para a *identificação dos valores afetivos presentes nos espaços sagrados*, pois, para cada posição no espaço sagrado, convergem ou equivalem valores afetivos específicos atribuídos pelo ser humano, sendo esse um espaço da intuição que distingue o sagrado do profano. Em vista disso, compreendemos que o fenômeno religioso é uma realidade que se apresenta no espaço-tempo do cotidiano e que nos permite estudá-lo à escala das ciências humanas. Então, enquanto conceito-chave, para o Ensino Religioso, o sagrado torna esse estudo operacional porque perpassa as várias instâncias do fenômeno religioso. A espacialidade concreta de expressões religiosas é um espaço de expressões como dimensão objetivada do empírico imediato, rica de sentido e afeto humano.

Respeito pelo caráter de inviolabilidade do sagrado. O espaço urbano contemporâneo caracteriza-se por uma maior densidade de espaços de representação de intuições religiosas. Perante a diversidade cultural e material, os espaços sagrados, templos constituídos de significação simbólica religiosa, representam o separação entre o que é transitório e o que se pretende imutável, perene e, portanto, inviolável. Essa noção sobre sacralidade poderá ser abordada na disciplina de Ensino Religioso como forma de estabelecimento de pressupostos que ajudem a desenvolvimento do próprio senso religioso de cada indivíduo, gênese do respeito pelo transcendente, mistério no qual todos estão inseridos. Ante o sagrado, como representação, o homem religioso exercita os ditames da fé, normatiza a vida moral e as formas de acesso à realidade sacralizada. Essas vertentes da experiência religiosa, quando estudadas, podem ganhar significado diante da vida social, mesmo por parte de quem não as vivencia.

Desenvolvimento da noção de espaço sagrado relacionado à compreensão de cultura. Para Geertz (1989, 40), o homem é um animal amarrado a teias de significados que ele mesmo teceu.

Teias que, segundo ele, precisam ser analisadas, interpretadas no sentido de procurar os múltiplos significados que elas comportam. Nesse sentido, sua interpretação permite o desvendar também no campo religioso de uma série de relações possíveis de causa e efeito. A partir dessa compreensão, o Ensino Religioso poderá buscar o desenvolvimento da competência relacionada à interpretação de elementos culturais enquanto contexto social passível de ser descrito de forma inteligível (GEERTZ, 1989, 10), buscando as possíveis formas de reflexos ou efeitos no campo religioso.

Compreensão da objetivação dos símbolos religiosos. O espaço sagrado apresenta marcas distintivas da religião, conferindo-lhe singularidades peculiares aos mundos religiosos. Nesse sentido, os símbolos religiosos cumprem o papel de objetivação na construção do mundo religioso, pois o espaço sagrado permite um esquema no qual os diversos elementos religiosos podem ser postos em relações mútuas. Há, por assim dizer, a espacialização daquilo que não é de natureza espacial e suas distinções e rupturas permanecem nesse quadro como essencialmente qualitativas. Nesse horizonte de compreensão, o Ensino Religioso poderá abordar a noção de espacialidade das representações simbólicas, buscando a compreensão do espaço sagrado apresentado no plano da linguagem, na medida em que as percepções religiosas são codificadas nas formas de tempo e espaço.

O turismo pedagógico como possibilidade para a Educação

Há uma prática muito difundida, conhecida e praticada em nossa sociedade denominada "turismo cultural". Seu principal objetivo consiste em conhecer os bens materiais e imateriais produzidos pelas comunidades, baseando-se nos diferentes patrimônios, como construções, sítios históricos, exposições, que permitem apreender as características singulares de determinados povos. Nesse conjunto encontram-se também os bens religiosos como objetos de admiração, estudo e conhecimento.

De modo geral, os patrimônios visitados são objetos materiais produzidos pelas pessoas, pela sociedade, e que permanecem no tempo, transformando-se em elementos venerados e valorizados, uma vez que contribuem para o entendimento de outras formas de vida, costumes e culturas. Um patrimônio é essencialmente histórico, de modo que seu significado sofre interpretação constante em função de realidades socioculturais específicas do presente. Assim, os patrimônios culturais são bens ou manifestações selecionados por apresentar para a sociedade qualidades consideradas passíveis de ser preservadas, enquanto outros, que não contêm tais qualidades, são relegados ao esquecimento.

Nesse amplo contexto do turismo cultural, uma forma específica foi se desenvolvendo com a finalidade de focar a apreensão dos bens religiosos; é o que se pode chamar de "turismo religioso". Essa forma de "exploração" apresenta características que coincidem com o turismo cultural, devido à visita que ocorre num entorno considerado como patrimônio cultural. No entanto, o foco sempre está nos eventos, fatos e lugares religiosos que, mesmo sendo expressões culturais de uma realidade de determinada região e época, evoca a sensibilidade experiencial, pois traz em si a necessidade própria do envolvimento com o fato para poder absorvê-lo da forma mais adequada e original possível. Na realidade o evento turístico será tanto mais aproveitado quanto mais experiencial e significativo for fazer aquela memória, aquele reviver, para a pessoa que o realiza (RAYKIL, E.; RAYKIL C., 2006, 6-9).

Também para o campo educacional o turismo tem-se revelado um meio pedagógico eficaz. Por meio dele, é possível envolver o ser humano com o espaço e seus respectivos temas inerentes, que antes eram somente uma representação em sala de aula. Pela ótica da inovação na área da educação, aos poucos o turismo educacional, também chamado de turismo pedagógico, vem ganhando espaço no âmbito escolar, incentivando novas oportunidades de conhecimento. Cabe aos pedagogos buscarem novas alternativas para que na aprendizagem ocorra um elo entre teoria e prática. De modo geral, por envolver diversas áreas do conhecimento, o turismo pedagógico vem sendo considerado como um instrumento importante na aprendizagem, uma vez que pode ser um diferencial na vida escolar dos educandos, visto que essa atividade, por sua própria natureza, exige o envolvimento de diversos profissionais, além do professor.

De acordo com GAGNÉ (1971, 247), o turismo pedagógico possibilita a aplicabilidade e a verificação dos conceitos trabalhados em sala, uma vez que são os componentes do ambiente da aprendizagem que dão origem à estimulação para o aluno. Isso vem ao encontro da necessidade dos alunos de conhecer constantemente novas realidades de exploração, propícias à inovação, para que a aprendizagem se torne algo espontâneo, partindo do pressuposto de que o espaço é um incentivador de exploração aos alunos (RAYKIL, E.; RAYKIL C., 2006, 5-8).

Nesse contexto é importante ressaltar um autor extremamente importante, Celéstin Freinet. Foi pedagogo, nasceu em 15 de outubro de 1896, em um vilarejo em Gars, no sul da França. A partir de sua própria prática observadora, anotava os aspectos positivos das crianças. Dispensava teorias complexas, mas acreditava que as crianças aprendiam por suas próprias hipóteses. Era crítico da escola tradicional, contra o autoritarismo, pois para ele as crianças deveriam fazer descobertas interessantes a partir de suas próprias vivências (PRELLEZO; LANFRANCHI, 1995, 332-334).

Como pedagogo, a partir de sua observação, desenvolveu práticas educativas para que ocorresse uma melhora na aprendizagem dos alunos. Freinet compreendia que para educar não é necessária a mera memorização das disciplinas que lhe são apresentadas, mas é importante que compreendam que é preciso saber agir sobre o conteúdo por si mesmos, que saibam criar a partir das informações; em sua proposta incentivou o uso do espaço ocupado como mediação de aprendizagem (GAUTHIER; TARDIF, 2010, 254-257).

Freinet buscou explorar o espaço ao máximo, pois constantemente levava as crianças a lugares onde elas se sentiam felizes; ter contato com o ambiente era muito importante. Notava que os alunos tinham uma sensação de afeto com a própria natureza, o que contribuía para que o ensino-aprendizagem ocorresse com significados. Ao retornar para a sala de aula, percebia uma maior interação sobre o conhecimento que obtiveram por meio do ambiente. Essa aula-passeio tinha como objetivo que os alunos conhecessem a vida fora de sala de aula.

Nesse processo, o professor era um estimulador, pois a criação deveria partir da criança. A partir desse fato, Freinet trabalhava textos livres, que surgiam desses processos de grandes construções. Assim, os trabalhos com as aulas-passeios eram mais atraentes, já que os alunos estavam ativos no processo de construção do conhecimento (SCREMIN; JUNQUEIRA, 2012, 30-35).

Essas atividades extraclasse contribuem para que os indivíduos tenham o contato direto com o ambiente, valorizando não só um trabalho voltado ao coletivo, mas também a uma formação autônoma, sendo que os próprios envolvidos nesse processo estarão contribuindo para um conhecimento diferenciado. Compreendia que a aula-passeio consistia em atividades extraclasse, organizadas coletivamente pelos alunos, onde o essencial era valorizar as necessidades vitais do ser humano – criar, se expressar, se comunicar, viver em grupo, ter sucesso, agir-descobrir, se organizar –, tornando-os cidadãos autônomos e cooperativos.

Em sua concepção, no entanto, deve-se ressaltar que a primeira etapa para que a aula-passeio aconteça deve ser o planejamento, integrando e articulando outras áreas do conhecimento. A segunda etapa deve ser o envolvimento com as demais disciplinas, o que será mais interessante aos alunos.

De modo geral, a ideia de Freinet pode funcionar como um grande estímulo aos educandos, por trabalhar com a autonomia e com a responsabilidade, tornando o campo de investigação cada vez mais significativo. Sendo assim, o estudo do meio poderá ser um fator bem relevante para que o ser humano possa explorar o espaço de maneira adequada.

A ideia proposta por Freinet é bem interessante para que os envolvidos na área de educação percebam a real finalidade de se explorar o espaço integrando ao conteúdo. Por essa atividade pode haver o fortalecimento do elo entre indivíduo e ambiente, englobando a necessidade de os seres humanos utilizarem o ambiente como conhecimento, mas ao mesmo tempo respeitando-o (GAUTHIER; TARDIF, 2010, 263-267).

Ora, nessa visão de Freinet, o que chamamos de turismo pedagógico pode proporcionar aos educandos novas realidades de aprendizagens, tornando muitas vezes a construção de conhecimento mais ampla e rica, englobando o espaço como fator diferenciado no processo da aprendizagem.

Ensino Religioso e uma proposta de roteiro pedagógico

A partir dos referenciais propostos é possível pensar numa atividade voltada para o Ensino Religioso, no qual o espaço sagrado é tão significativo. Tal atividade, sempre como nível complementar, pode-se pensar na visita a lugares como cemitérios, igrejas cristãs, mesquitas, templo *hare krishna*, sinagogas, templo budista, templo batista, capelas e catedrais, entre outros. Para tanto, o diferencial do exercício consiste no planejamento da atividade, pois se entende que somente o olhar não traz o conhecimento do real e por isso a necessidade de definir os objetivos da prática de campo. Visando à construção de um roteiro pedagógico para apoiar o trabalho do espaço sagrado como apoio ao Ensino Religioso, sugerem-se algumas questões tais como: Quais os objetivos dessa atividade? O que é importante destacar? Quais os conteúdos que se pretende abordar nesse trabalho de campo? Dessa forma, pode-se diagnosticar a relevância da proposta para os professores e educandos envolvidos na disciplina de Ensino Religioso, como também a possibilidade dessa prática na região.

Essa prática proposta de visitação deverá ser iniciada pelo próprio corpo docente, o que oportunizará aos professores o conhecimento do lugar sagrado, a apreensão referente àquela tradição religiosa e a coleta de dados para ampliar o conhecimento a ser trabalhado com os educandos em sala de aula. Para tal, são sugeridas a observância de algumas etapas: a) analisar quais são os lugares sagrados que fazem parte da região; b) definir os locais a serem visitados; c) contato antecipado com a liderança religiosa, para explicar a finalidade do momento e ressaltar que não deve caracterizar nem constituir um momento de prática religiosa em si; o foco será sempre a concepção vigente da disciplina de Ensino Religioso – nesse processo, é importante a verificação da existência de alguma restrição para a visita ao lugar sagrado, a qual deverá sempre ser respeitada.

Para a conversa com a liderança religiosa, sugere-se um roteiro que proponha uma palestra com a liderança local. Para isso, deve-se definir tempo de duração entre a palestra da liderança, abertura para perguntas e tempo para análise do espaço. Alguns pontos poderiam ser desenvolvidos pelo palestrante: como está organizada a tradição religiosa em sua filosofia, fundamentos, estruturas, rituais, simbologias, textos sagrados e concepção de vida e morte.

Após a finalização da visita, é sugerida uma avaliação para diagnosticar a relevância da formação, contendo os seguintes itens: título do trabalho, introdução (local de realização, data, objetivo do estudo, breve descrição/histórico, local). Desenvolvimento (comentário sobre a pesquisa realizada, documentos, imagens, dentre outros). Conclusão e consideração pessoal sobre o conhecimento adquirido e referência.

Roteiros pedagógicos

A partir do que discutimos, propomos uma estrutura para os roteiros pedagógicos às visitas aos lugares sagrados, com etapas definidas:

IDENTIFICAÇÃO

MODALIDADE DE ENSINO: Aula-passeio/Turismo pedagógico.

PÚBLICO-ALVO: Defina o ano escolar selecionado para a visita.

NÚMERO DE PARTICIPANTES: Número de alunos (faixa etária), os professores, os guias que orientarão trabalho.

PLANEJAMENTO: Indique em cada etapa como os estudantes serão motivados a participar da atividade, como o local será selecionado, quais disciplinas estarão envolvidas para contribuir na compreensão dos elementos que serão explorados, qual a carga horária de todo esse projeto. Será importante especificar a comunicação com os responsáveis pelos alunos, pois implica deslocamento para fora da escola, assim como os objetivos propostos para essa ação, além dos custos envolvidos. Também será realizada uma reunião com os pais juntamente com os alunos para pautar os objetivos em relação à atividade, e as regras para que o deslocamento proporcione uma boa vivência a todos.

DESTINO: Defina bem o local a ser explorado.

TEMPO DA ATIVIDADE: Quantas horas estão envolvidas.

OBJETIVO GERAL (definidos com clareza).

OBJETIVOS ESPECÍFICOS DA ATIVIDADE.

TEMÁTICA ABORDADA: Por exemplo, a questão dos símbolos, dos ritos, da organização religiosa, ou outra temática vinculada ao programa de Ensino Religioso.

JUSTIFICATIVA: Por ser algo inovador na área da educação, aos poucos o turismo educacional, também chamado de turismo pedagógico, vem ganhando espaço no âmbito escolar, incentivando a todos a terem novas oportunidades de conhecimento. Algumas instituições de ensino buscam cada vez mais um diferencial para que na aprendizagem ocorra um elo entre teoria e prática.

FUNDAMENTAÇÃO TEÓRICA: Pontos que podem ser desenvolvidos: a) melhorias no desenvolvimento metal dos indivíduos, que poderão contribuir para uma aprendizagem mais ampla sobre os conteúdos; b) as vivências fora do âmbito escolar devem ser incorporadas ao currículo; c) aprendizagem desenvolvida de modo divertido e prazeroso; d) exigência de reestruturação dos métodos aplicados em sala, para alcançar como resultado final o ensino de qualidade; d) fortalecimento da inserção da diversidade cultural no âmbito escolar, refletindo numa escola mais democrática e inclusiva; e) incentivo à interculturalidade, ou seja, às diferentes culturas existentes dentro da sociedade como uma importante vertente do conhecimento.

ATIVIDADES DE PREPARAÇÃO: Consiste na definição das atividades que serão desenvolvidas em sala, antes da aplicação, com relação à prévia explanação do conteúdo, orientações para o comportamento dos participantes, com relação à visita que será realizada, para que aos discentes lhes seja possibilitado um novo conhecimento sobre a temática em questão.

CAMINHO A PERCORRER: Detalhamento do percurso com os horários.

LINGUAGEM PARA A ABORDAGEM: A partir do conhecimento prévio que constará no planejamento, será utilizada uma linguagem simples e lúdica.

ATIVIDADE FINAL: Será realizada uma discussão prévia no local mesmo, quando o assunto ainda está "fresco" na cabeça dos participantes com relação às percepções que tiveram com a atividade. Com essa discussão prévia, já se podem notar os impactos que a atividade causou nos participantes. Depois, em sala, poderão ser desenvolvidas várias atividades de complemento e considerações finais.

UMA OBSERVAÇÃO: recomenda-se não estimular os educandos a levarem cadernos para fazer anotações para um futuro relatório, pois ficarão preocupados em escrever as informações e a atividade perderá a finalidade de percepção sensorial, experiencial, que possa ter.

RESULTADOS ESPERADOS COM A EXECUÇÃO DA ATIVIDADE	CONQUISTAS COGNITIVAS: O contato com o ambiente proporciona ganhos cognitivos, pois a aprendizagem, muitas vezes, acontece simultaneamente; diz-se que, para alcançar melhorias no desenvolvimento mental dos indivíduos, contribuindo para uma aprendizagem mais ampla sobre os conteúdos, as vivências fora do âmbito escolar devem ser incorporadas ao currículo. CONQUISTAS AFETIVAS: Os alunos muitas vezes necessitam de novas realidades de exploração, sendo necessária a inovação para que a aprendizagem se torne espontânea, partindo do pressuposto de que o espaço pode ser um incentivador para os alunos.

Referências bibliográficas

ANDRADE, José Vicente. *Turismo: fundamentos e dimensões*. 8. ed. São Paulo: Ática, 2000.

BARRETO, Margarita. *Cultura e turismo*: discussões contemporâneas, Papirus, 2007.

BONAVIDES, P.; AMARAL, R. *Textos políticos da História do Brasil*. Brasília, Senado Federal, 1996. v. I.

BRASIL. *Lei de Diretrizes e Bases da Educação Nacional*. Lei n. 9394, de 20 de dezembro de 1996.

CORRÊA, R. *Cultura, cultura brasileira, educação*. Curitiba: Ibpex, 2008.

DIAS, Reinaldo. *Introdução ao turismo*. São Paulo: Editora Atlas, 2005.

FILHO, S. *Espaço sagrado*: estudos em geografia da religião. 2. ed. Curitiba: Ibpex, 2012.

GAGNÉ, R. *Como se realiza aprendizagem*. Rio de Janeiro: Ao Livro Técnico, 1971.

GAUTHIER, C.; TARDIF, M. *A pedagogia*: teorias e práticas da antiguidade aos nossos dias. Petrópolis: Vozes, 2010.

GEERTZ, C. *A interpretação das culturas*. Rio de Janeiro: LTC, 1989.

JUNQUEIRA, S.; WAGNER, R. *Ensino Religioso no Brasil*. 2. ed. Curitiba: Champagnat, 2011.

MARTINS, E. *Turismo pedagógico*: templos de Curitiba. Trabalho de Conclusão de curso de Pedagogia. Curitiba: Pontifícia Universidade Católica do Paraná, 2011.

PRELLEZO, J.; LANFRANCHI, R. *Educazione e pedagogia nei solchi dela storia*. Torino: SEI, 1995. v. 3.

RAYKIL, E; RAYKIL, C. Turismo pedagógico: uma interface diferencial no processo ensino-aprendizagem. *Revista Global Turismo*, v. 2, n. 2, 1-15, nov. 2006.

REGO, K. *Turismo pedagógico em museus de Curitiba*. Trabalho de Conclusão de curso de Pedagogia. Curitiba: Pontifícia Universidade Católica do Paraná, 2011.

SCREMIN, J. *Turismo pedagógico*: parques etnográficos. Trabalho de Conclusão de curso de Pedagogia. Curitiba: Pontifícia Universidade Católica do Paraná, 2011.

SCREMIN, J. JUNQUEIRA, S. *Aprendizado diferenciado*: turismo pedagógico no âmbito escolar. *Caderno de Estudos e Pesquisa de Turismo*, v. 1, 26-42., jan./dez. 2012.

As linguagens no Ensino Religioso: interfaces com a Literatura brasileira

*Remí Klein**

No cotidiano de nossas vidas e, sobretudo, em nossas vivências religiosas, estamos imersos num universo de imagens e de símbolos e de outras representações, que adquirem determinados significados que dão sentido à nossa existência, expressando e apontando para uma realidade que (n)os transcende. Nossas concepções religiosas são expressas por linguagens, assim como também nossas concepções religiosas são produzidas pelas linguagens veiculadas entre nós. Por isso, conforme proposto pelo Fórum Nacional Permanente de Ensino Religioso (FONAPER), nos *Parâmetros Curriculares Nacionais do Ensino Religioso* (PCNER), coloca-se para a escola e, de forma especial, para o componente curricular do Ensino Religioso o desafio de repensar as linguagens adotadas no processo educativo-religioso:

> A constante busca do conhecimento das manifestações religiosas, a clareza quanto à sua própria convicção de fé, a consciência da complexidade da questão religiosa e a sensibilidade à pluralidade são requisitos essenciais no profissional de Ensino Religioso (FONAPER, 2009, p. 43).

---

* Doutor em Teologia na Área de Concentração de Religião e Educação, docente na EST e integrante do Grupo de Pesquisa *Currículo, Identidade Religiosa e Práxis Educativa*. Contato: remiklein@terra.com.br.

Outrossim, falando em processo educativo-religioso, partimos do pressuposto de que não há necessidade de abordar temas religiosos somente a partir de textos sagrados. Nesse sentido, podemos estabelecer conexões antropológicas, existenciais e interdisciplinares a partir de interfaces entre o Ensino Religioso e a Literatura, a Música, o Cinema, as Artes e outras expressões, visto que a religiosidade humana é uma dimensão inerente às diferentes culturas e linguagens.[1]

Em nosso processo educativo-religioso escolar somos, por isso, desafiados a exercitarmos uma linguagem que abranja a diversidade cultural religiosa, como vemos nos eixos organizadores do conteúdo nos *PCNER*, em que todos são formulados no plural: Culturas e tradições religiosas, Escrituras sagradas e/ou tradições orais, Teologias, Ritos e *Éthos* (FONAPER, 2009, p. 50-57).

A construção de uma proposta curricular de Ensino Religioso é, portanto, um processo que envolve a superação de uma prática educativa com uma perspectiva confessional e homogênea, para assumir uma perspectiva intercultural e inter-religiosa, numa atitude de abertura e de respeito às diferentes culturas e tradições religiosas, sem preconceitos, sem discriminações e sem proselitismos, como bem expressam também as palavras de Dom Helder Camara: "Se eu pudesse, daria um globo terrestre a cada criança... Se possível, até um globo luminoso, na esperança de alargar ao máximo a visão infantil e de ir despertando interesse e amor por todos os povos, todas as raças, todas as línguas, todas as religiões!" (1978, s/p).

Assim, a Bíblia, por exemplo, pode ser *o* nosso texto sagrado, contudo, no Ensino Religioso, devemos falar nela como *um* texto sagrado, ao lado de outros textos sagrados, como a

---

[1] Outras versões de artigos sobre o mesmo tema: KLEIN, Remí. Educar para a sensibilidade solidária: interface entre Ensino Religioso e literatura infantil. In: KLEIN, Remí; BRANDENBURG, Laude Erandi; WACHS, Manfredo Carlos (Org.). *Ensino Religioso*: diversidade e identidade. São Leopoldo: Sinodal/EST, 2008. p. 75-83; KLEIN, Remí. Uma linguagem para o Ensino Religioso. *Diálogo*: Revista de Ensino Religioso, n. 66, p. 26-30, maio/jul. 2012. Tema também abordado em curso de extensão semipresencial *As linguagens no Ensino Religioso*, de Faculdades EST, em 2012: Disponível em: <http://www.est.edu.br/extensao/cursos/visualiza/as-linguagens-no-ensino-religioso>.

Torá e o Alcorão, e não mais como *o* texto sagrado. O mesmo vale para outras formas de expressão. No Ensino Religioso, por exemplo, invés de falarmos em Jesus Cristo, propomos falar em Jesus de Nazaré, pois o termo Cristo expressa uma confissão de fé dos cristãos. Podemos substituir a expressão Nossa Senhora por Maria, mãe de Jesus. Sabemos que se trata de expressões muito arraigadas em nossa cultura, mas somos desafiados a exercitar esta releitura em nosso processo educativo-religioso, embasado na nova redação dada ao Artigo 33 da Lei de Diretrizes e Bases da Educação Nacional (Lei 9394/96) pela Lei 9475/97, para que seja "assegurado o respeito à diversidade cultural religiosa do Brasil, vedadas quaisquer formas de proselitismo".[2] O mesmo vale para a nossa linguagem dos cantos e das orações e para o uso dos símbolos religiosos em espaços escolares e outros espaços públicos, que ainda são predominantemente confessionais cristãos.

Uma mudança nas nossas concepções e práticas religiosas necessita passar, portanto, necessariamente, pelas nossas expressões, o que se constitui num imperativo para as nossas aulas de Ensino Religioso, bem como por todo processo educativo-religioso, como "parte integrante da formação básica do cidadão", conforme assegurado no artigo 33 da LDB.[3] Nesse sentido, fica o desafio de Nelson Mandela: "Ninguém nasce odiando outra pessoa pela cor de sua pele, por sua origem ou ainda por sua religião. Para odiar, as pessoas precisam aprender; e, se podem aprender a odiar, podem ser ensinadas a amar" (2007. s/p). Convivendo e dialogando, as pessoas aprendem a conhecer umas às outras, também na dimensão religiosa, e, conhecendo-se, aprendem também a se respeitar.

---

[2] Disponível em: <http://www.planalto.gov.br/ccivil_03/leis/L9475.htm. Acesso em: 6 set. 2012>.

[3] Disponível em: <http://www.planalto.gov.br/ccivil_03/leis/L9475.htm>. Acesso em: 6 set. 2012.

Assim, como convite para repensarmos e ressignificarmos as nossas linguagens no Ensino Religioso nas escolas, o FONAPER aponta nos *PCNER*:

> Básico para a construção da paz na sociedade é a humildade para reconhecer que a verdade não é monopólio da própria fé religiosa ou política. E, no Ensino Religioso, pelo espírito de reverência às crenças alheias (e não só pela tolerância), desencadeia-se o profundo respeito mútuo que pode conduzir à paz (2009, p. 33).

Conforme Croatto (1985, p. 31), as linguagens criam uma "reserva de sentido". Elas têm um poder criador e mediador, como afirma Rubem Alves:

> Tudo adormecido... O que vai acordar é aquilo que a Palavra vai chamar. As Palavras são entidades mágicas, potências feiticeiras, poderes bruxos que despertam os mundos que jazem dentro dos nossos corpos, num estado de hibernação, como sonhos. Nossos corpos são feitos de Palavras... (1994, p. 52).

Nesse sentido, em sua obra *Deus no espelho das palavras: teologia e literatura em diálogo*, Antonio Magalhães defende uma compreensão da Literatura dentro do campo da hermenêutica e como interlocutora da Teologia para a construção do método teológico:

> Nas experiências das pessoas, nas fusões culturais e, no caso da literatura, nas interpretações literárias, encontramos as várias formas de linguagem e texto sobre o mistério mais profundo de nossa existência. Palavras são espelhos que refletem nossas imagens, que nos ajudam a ver melhor nós mesmos e o próximo. São elas também que fazem repousar em si a proximidade e a distância da verdade. [...] Ao falarmos da verdade, falamos de

Deus e de nossa experiência com o mistério doador de nossas vidas. A literatura é companheira desse diálogo e dessa busca (2000, p. 19).

Para o referido autor, não se trata de substituir uma linguagem analítica por outra mais poética, mantendo uma tensão epistemológica interdisciplinar nessa interlocução, ao invés de optar por esta ou aquela categoria como superior:

Enquanto o conhecimento caminhar entre o isto ou aquilo, entre análise e poesia, ciência e hermenêutica, literatura e pesquisa, narrativa e história, mito e existência, obstaculizará suas potencialidades e refreará as múltiplas possibilidades que se lhe abrem (2000, p. 50).

Na referida obra, Magalhães discorre sobre diversos modelos de aproximação entre a Teologia e a Literatura, com destaque para o modelo da teopoética que tem em Rubem Alves seu principal precursor e expoente no Brasil, "que tem nos poetas e outros autores da literatura os principais interlocutores na apresentação de suas imagens sobre Deus" (2000, p 144).

De forma narrativa, Rubem Alves também aborda e desmistifica temas dolorosos com seus leitores de todas as idades. Em *Estórias para pequenos e grandes*, lança a seguinte palavra inicial "aos contadores das estórias":

O mundo das crianças não é tão risonho quanto se pensa. Há medos confusos, difusos, as experiências de perdas, bichos, coisas, pessoas que vão e não voltam. [...] Escrevi estas estórias em torno de temas dolorosos, que me foram dados por crianças. Não é possível fazer de conta que eles não existem. [...]. O objetivo da estória é dizer o nome, dar às crianças símbolos que lhes permitam falar sobre seus medos. E é sempre mais fácil falar sobre si mesmo fazendo de conta que se está falando sobre flores, sapos, elefantes, patos...

Há estórias que podem ser escutadas em disquinhos ou simplesmente lidas, sozinhas... São as estórias engraçadas. Outras devem ser contadas por alguém. [...]. É preciso que se ouça a voz de um outro e que diz:

– Estou aqui, meu filho... (1984, p. 7-8).

De acordo com Magalhães, "As formas poéticas desvelam questões profundas da vida e da fé [...]" (2000, p. 146). Fala, nesse sentido, tanto em leitura teológica *de* uma obra literária como em leitura teológica *na* obra literária (2000, p. 188-198).

Afonso Soares, em entrevista na *Revista IHU Online*, igualmente destaca "o poder teológico da literatura, a saber, a capacidade que só a arte e o texto literário possuem de nos levar o mais fundo possível em nossa ardente busca de completude, de respostas [...]" (2008, p. 10). Soares refere José Carlos Barcellos que distingue três abordagens possíveis da mútua relação teologia-literatura:

A) a leitura teológica de uma obra literária (é o que faz, por exemplo, Antônio Manzatto, quando lê os romances de Jorge Amado);

B) a percepção do próprio texto literário como portador de uma reflexão teológica (por exemplo: Adélia Prado e, cada vez mais, Rubem Alves);

C) os elementos religiosos, proposições teológicas presentes na obra literária como simples aspectos da cultura e da linguagem de um povo [...] (BARCELLOS apud SOARES, 2008, p. 10).

Portanto, são diversas e diferentes possibilidades que se abrem para uma abordagem da questão religiosa na interface e a partir de textos literários.

Perguntado sobre o Ensino Religioso como componente escolar e sobre o papel do recurso da literatura na discussão simbólico-religiosa em sala de aula, Soares afirma:

Eis uma discussão que não pode mais ser adiada. Estamos no começo de uma salutar aproximação entre Ensino Religioso e Ciência da Religião, que deveria paulatinamente ir afastando o fantasma dos modelos catequético e teológico para o Ensino Religioso nas escolas (sobretudo nas públicas). Muitos ainda não entenderam isso. [...] O recurso à literatura [...] seria uma estratégia muito bem-vinda de sensibilização de crianças e jovens para o sentimento religioso, a espiritualidade, os valores, a cidadania e o respeito pelo outro em sua diversidade (SOARES, 2008, p. 12).

Em suma, a religiosidade perpassa toda expressão humana e aí entra o lugar e o papel da Literatura na sua interface com o processo educativo-religioso. Por isso Adélia Prado escreve, em seu poema "A invenção de um modo": "[...] tudo que invento já foi dito nos dois livros que li: as escrituras de Deus, as escrituras de João. Tudo é Bíblias. Tudo é Grande Sertão" (1991, p. 26). Segundo Therezinha Motta Lima da Cruz, "A vida, como se sabe, é interdisciplinar por natureza. Não dá para discutir sentido da vida com mentalidade compartimentada" (1996, p. 40). Nesse sentido, conforme a referida autora, no processo educativo-religioso, "podemos propor um método em duas mãos: a) perguntando pelo problema humano que pode ser identificado no que a cultura produz [...] e investigando como as religiões respondem; b) observando o religioso e perguntando por seus fundamentos humanos" (CRUZ, 1996, p. 41-42).

Assim, as leituras e as narrações de histórias ocupam lugar central no processo educativo-religioso, nos diversos contextos educacionais e nas diferentes tradições religiosas, como vemos no testemunho pedagógico contido no texto sagrado judaico-cristão: "O que ouvimos e aprendemos, o que nos contaram nossos pais, não o encobriremos a seus filhos, mas contaremos à vindoura geração [...]" (Salmo 78.3-4). Nesse sentido, Maria Isabel da Cunha refere-se às "narrativas como explicitadoras e como produtoras do conhecimento" (1998, p. 37ss). Ela ainda acrescenta outra reflexão sobre a relação dialética que se estabelece, ao afirmar que, "assim como a experiência produz o discurso, este também produz a experiência. Há um processo dialético nessa relação que provoca muitas influências" (CUNHA, 1998, p. 40).

Vejamos uma exemplificação de uma proposta de uma possível interface entre Ensino Religioso e Literatura Infantil. Ziraldo é conhecido por suas histórias engraçadas como, por exemplo, *O menino maluquinho*. Ele, contudo, também tem histórias realistas e dolorosas como *Menina Nina: duas razões para não chorar* (2002). Ziraldo aborda a questão da morte da vovó Vivi e do consolo para a menina Nina diante da perda. Ao ler ou contar essa história para as crianças, elas certamente fazem associações bem existenciais a partir de seus medos e de suas experiências de vida. Chama atenção, sobretudo, o final da história no plural, bem de acordo com os eixos propostos no plural nos *PCNER*.

> SE muito além desse sono que vovó está dormindo não existe nada mais – como muita gente crê – não existe despertar, nem porto, destino ou luz; se tudo acabou de vez – acabou, completamente – pode ter certeza, Nina a Vovó está em paz; não sabe nem saberá que está dormindo para sempre. [...]

> SE, porém, depois desse sono imenso, Vovó Vivi despertar num outro mundo, feito de luz e de estrelas, veja, Nina, que barato!!! Que lindo virar um anjo. Que lindo voar no espaço! [...]. (ZIRALDO, 2002, p. 35 e 37).

Trata-se sempre de um processo hermenêutico de releitura e de ressignificação, pois, segundo Ezequiel T. da Silva, os propósitos fundamentais da leitura são: "compreender a mensagem, compreender-se na mensagem, compreender-se pela mensagem" (1985, p. 45). Nos atos de ler e de narrar, leitor, narrador e ouvinte compreendem e interpretam sentidos e significados existenciais midiatizados por palavras, tendo a leitura e a narração um papel mediador: "[...] nosso horizonte de compreensão [...] é sempre um determinado mundo linguístico, ou seja, um mundo aberto pela linguagem, linguisticamente interpretado, linguisticamente mediado" (CORETH, 1973, p. 43). Em sentido semelhante, Paulo Freire fala em "leitura da palavra" e em "leitura do mundo", afirmando que "a leitura do mundo precede a leitura da palavra" (1982, p. 11). Enfatiza a estreita relação entre linguagem e realidade, entre texto e contexto, destacando a importância da leitura da "palavramundo" no processo educativo (1982, p. 12).

Lendo e ouvindo mais e mais histórias, as crianças e os jovens (e todas as pessoas) tornam-se mais conscientes de "sua" própria história e exercitam também a perspectiva interpessoal, assimilando e elaborando sentidos e significados e construindo sua identidade e o respeito à alteridade. A leitura e a narração não consistem meramente em compreender um texto de uma história, mas são fundamentalmente um ato de compreender a si mesmo e aos outros, também e, sobretudo, em suas indagações existenciais religiosas. Vemos isso, por exemplo, na obra literária *Grandes Sertões: Veredas*, de João Guimarães Rosa, onde encontramos o seguinte diálogo entre os personagens Diadorim e Riobaldo:

> Por isso é que se carece principalmente de religião: para se desendoidecer, desdoidar. Reza é que sara da loucura. No geral. Isso é que é a salvação-da-alma... Muita religião, seu moço! Eu cá, não perco ocasião de religião. Aproveito de todas. Bebo água de todo rio... Uma só, para mim é pouca, talvez não me chegue (1994, p. 15).

Esse trecho do diálogo entre os personagens, retratado no texto literário, pode ser trabalhado de forma interdisciplinar, englobando Literatura Brasileira e Ensino Religioso, em especial com estudantes dos anos finais do ensino fundamental e do ensino médio.

Outro exemplo de texto literário muito propício para uma abordagem no Ensino Religioso é o poema dramático *Morte e Vida Severina* de João Cabral de Melo Neto, que trata da condição humana do homem do sertão nordestino. Recentemente Maria Augusta de Sousa Torres defendeu dissertação de mestrado em Ciências da Religião na UNICAP, intitulada: *Ensino Religioso e Literatura: um diálogo a partir do poema Morte e Vida Severina*. No blog do referido curso lemos:

> A pesquisa teve como proposição buscar no imaginário do texto literário noções de identidade através do pertencimento a um grupo social, de ética através do exercício da solidariedade com os necessitados, de religiosidade através da abertura para o sagrado e a transcendência, tendo em vista trabalhar essas noções no fazer pedagógico do Ensino Religioso, para contribuir com a formação integral da vida cidadã. (http://crunicap.blogspot. com.br/2012/11/morte-e-ensino-religioso.html).

Trata-se de educar para a sensibilidade solidária (KLEIN, 2008, p. 75-83). Uma questão não só metodológica, mas epistemológica, de perceber que os temas da religiosidade perpassam a literatura e toda expressão humana. Sua abordagem possibilita repensar o Ensino Religioso numa perspectiva antropológica, existencial e interdisciplinar. Conforme Paulo Freire: "Uma história jamais pode ser aprendida se não for apreendida e não será apreendida se não for por nós 'encarnada'. [...] É palavração" (1979, p. 11).

Referências bibliográficas

ALVES, Rubem. *A alegria de viver*. 2. ed. São Paulo: Ars Poética, 1994.
_____. *Estórias para pequenos e grandes*. São Paulo: Paulus, 1984.
BÍBLIA SAGRADA. Tradução em português por João Ferreira de Almeida. 2. ed. Barueri, SP: Sociedade Bíblica do Brasil, 1993.

CAMARA, Helder. *Mil razões para viver*. Rio de Janeiro: Civilização Brasileira, 1978.

CROATTO, J. Severino. *Hermenêutica bíblica: para uma teoria da leitura como produção de significado*. São Leopoldo: Sinodal; São Paulo: Paulinas, 1985.

CRUZ, Therezinha Motta Lima da. Para uma metodologia do Ensino Religioso Ecumênico. In: KLEIN, Remí; CARDOSO, Socorro (Org.). *Ensino Religioso Escolar*: em busca de uma proposta ecumênica. São Leopoldo: CELADEC, 1996. p. 40. (Caderno de Estudo 31).

CUNHA, Maria Isabel da. *O professor universitário na transição de paradigmas*. Jabaquara, SP: JM Editora, 1998.

FONAPER. *Parâmetros Curriculares Nacionais*: Ensino Religioso. 9. ed. São Paulo: Mundo Mirim, 2009.

FREIRE, Paulo. *A importância do ato de ler*: em três artigos que se completam. São Paulo: Cortez, 1982.

_____. Conhecer, praticar, ensinar os Evangelhos. *Tempo e Presença*, Rio de Janeiro, v. 154, p. 7, out. 1979. Disponível em: <http://www.planalto.gov.br/ccivil_03/leis/L9475.htm. Acesso em 6 de setembro de 2012>.

KLEIN, Remí. Educar para a sensibilidade solidária: interface entre Ensino Religioso e Literatura Infantil. In: KLEIN, Remí; BRANDENBURG, Laude Erandi; WACHS, Manfredo Carlos (Org.). *Ensino Religioso*: diversidade e identidade. São Leopoldo: Sinodal/EST, 2008. p. 75-83.

_____. Uma linguagem para o Ensino Religioso. *Diálogo*: Revista de Ensino Religioso, n. 66, p. 26-30, maio/jul. 2012.

MAGALHÃES, Antonio. *Deus no espelho das palavras*: Teologia e Literatura em diálogo. São Paulo: Paulinas, 2000.

MANDELA, Nelson apud URI – Iniciativa das Religiões Unidas de Curitiba. *Diversidade religiosa e direitos humanos*. Curitiba: Gráfica da Assembleia Legislativa do Estado do Paraná, 2007.

PRADO, Adélia. *Poesia reunida*. São Paulo: Arx, 1991.

ROSA, João Guimarães. *Grandes Sertões: Veredas*. s/l: Editora Nova Aguilar, 1994.

SILVA, Ezequiel T. da. *O ato de ler*: fundamentos psicológicos para uma pedagogia da leitura. São Paulo: Cortez, 1985.

SOARES, Afonso Maria Ligorio. O poder teológico da Literatura. *Revista IHU Online*, n. 251, p. 9-12, 17/03/2008. Disponível em: <http://www.ihuonline.unisinos.br/media/pdf/IHUOnline-Edicao251.pdf>. Acesso em: 16 fev. 2013.

TORRES, Maria Augusta de Sousa. *Ensino Religioso e Literatura*: um diálogo a partir do poema *Morte e Vida Severina*. Disponível em: <http://crunicap.blogspot.com.br/2012/11/morte-e-ensino--religioso.html>. Acesso em: 16 fev. 2013.

ZIRALDO. *Menina Nina*: duas razões para não chorar. São Paulo: Melhoramentos, 2002.

Literatura, religião e educação: considerações a partir da Ciência da Religião

*Afonso Maria Ligorio Soares**

> Porque tudo que invento já foi dito
> nos dois livros que eu li:
> as escrituras de Deus
> as escrituras de João.
> Tudo é Bíblias. Tudo é Grande Sertão.
> (Adelia Prado, *A invenção de um modo*)

Há que pensar a relação entre Educação e Religião nas duas pontas: a partir de quem está dia a dia em sala de aula, no ensino fundamental e médio, e daí levantando perguntas para posteriores reflexões; e a partir da pesquisa acadêmica, tecendo provocações e continuamente reelaborando teorias sobre como "reencantar a educação" (Assmann). Minha contribuição é tão somente uma partilha inicial, algo errática, sobre a proposta que desenvolvo no Programa de Estudos Pós-graduados em Ciências da Religião da PUC-SP. Trata-se de uma disciplina que, até aqui, venho intitulando de "Religião, Literatura e Educação", buscando articulações cada vez mais sintonizadas entre essas três forças gravitacionais. Como se trata de um Programa de Ciências da Religião, este é o ponto de partida e a destinação final do exercício, que inclui saídas e bandeiras pelas veredas teológicas.

Um novo âmbito: literatura e ciência da religião

Em *Religião e interpretação literária: perspectivas de diálogo das Ciências da Religião com a Literatura*, A. Magalhães (2004) propõe a

---

* PUC/SP

literatura como arquivo e interpretação da religião e a coloca como interlocutora importante das ciências da religião, especialmente da teologia. Ele sugere que "a relação entre narrativa religiosa e reescritura literária é um importante acervo de memórias e práticas religiosas e interpretações do fenômeno religioso". Ao fazê-lo, o autor sabe que está apresentando um desafio especial aos estudiosos da religião, pois os convida à superação dos limites impostos pelo sistema de medição empírica da ciência e coloca a relevância da literatura em suas diferentes possibilidades na interpretação da experiência religiosa.

Para o autor, as ciências da religião, e a teologia em particular, encontram na literatura um acervo bruto importante no desenvolvimento de suas pesquisas e na articulação de suas teorias. Por isso, ele crê ser possível pensar criativamente a relação entre linguagem literária como sistematização ficcionalizada e linguagem das ciências da religião como sistematização conceitual. Para a ciência da religião propriamente dita, isso implicaria uma visão mais flexível da relação entre interpretação e fato.

Na verdade, e para além do dissenso de estudiosos nessa área, religião e literatura são irmãs de sangue, por assim dizer.

A religião fornece nome ao inominável, uma representação ao irrepresentável, um lugar ao ilocalizável. Realiza e satisfaz, ao mesmo tempo, a experiência do Abismo e a incapacidade de aceitá-lo [...]. Ela é, por excelência, a apresentação/ocultação do caos. Constitui uma formação de compromisso, que prepara ao mesmo tempo a impossibilidade para os humanos de se fecharem no aqui-e-agora de sua existência real e sua impossibilidade, quase igual, em aceitar a experiência do Abismo (ibidem).

Por sua vez, a literatura é descrita por Magalhães como "intérprete da religião", já que representa "um dos maiores acervos brutos para o estudo da religião" e oferece, ao mesmo tempo, "uma das interpretações mais criativas e sensíveis dos sistemas, das práticas e dos fenômenos religiosos", mesmo quando oferece "uma crítica radical à instituição e às tradições religiosas".

As ciências da religião, opina Magalhães, não podem mais tardar em "reconhecer o papel impressionante que a religião assume nos textos literários, seja na concessão de mitos religiosos transformados em mitos literários, seja na interpretação refinada da religião que é possível encontrar na literatura". Da parte da teologia, o autor vê aí a possibilidade de se superar sua dependência exacerbada das ciências sociais – principalmente, a teologia da libertação – abrindo-se para o diálogo com a literatura:

> [...] como intérprete sensível da experiência religiosa em suas diversas trilhas de articulação na cultura e na comunidade, pois os intercâmbios incessantes não ocorrem não somente entre as experiências da comunidade e a confissão de fé, mas em meio a processos culturais ricos e complexos à espera de interpretações sensíveis à religião, algo que o estudioso encontrará na literatura (ibidem, p. 27).

Olhares e vieses teológicos

A teologia, no entanto, me interessa de maneira especial, pois seus esforços só enriquecem a compreensão do que foi e tem sido a experiência cristã ao longo da história. Donde o espaço que dedico às aproximações de J. C. Barcellos, A. Manzatto, A. Magalhães e J. L. Segundo (e tantos outros). Barcellos (2000), por exemplo, expõe essa tensão entre o "poder teológico da literatura" (em que medida o discurso literário é capaz de articular sentidos específica e autenticamente teológicos ou tem esses sentidos em estado de latência?) e o "poder literário da teologia" (quanto é capaz a narrativa teológica de seduzir leitores/ouvintes com *boas notícias*?).

Sabemos que, há várias décadas, teólogos de valor têm pleiteado a busca, na literatura, de uma "linguagem de empréstimo" (Lima Vaz) que sirva de apoio à teologia atual [Assim, a política ajuda a teologia a se solidarizar com as reivindicações humanas, a ciência, para as explicações humanas, e, para lidar com a condição humana, temos a filosofia, a arte e a literatura]. Principalmente para dar conta da presença avassaladora do mal, sobre a qual nossas teodiceias tradicionais se confirmam como insuficientes e irrelevantes – limitação que parece distante dos grandes escritores, tais como Edgar Allan Poe, Emily Brontë, Julien Green, Albert Camus, Georges Bernanos, Franz Kafka, Dostoiévski e tantos outros.

Por isso, M.-D. Chenu propôs a literatura – não sem alguma dose de polêmica – como "lugar teológico" (= fonte de elementos para o trabalho teológico), sendo seguido nessa trincheira, com maior ou menor cautela crítica, por teólogos como J.-P. Jossua, A. Gesché, K. Kuschel e outros. Destaco a contribuição inspiradora de Gesché (2005), que reconhece ser "impossível, de fato e de direito, falar corretamente de Deus sem conhecer o ser humano". Portanto, a antropologia literária, ou seja, a compreensão do ser humano construída pela literatura, é a disciplina com a qual a teologia precisaria dialogar. Gesché não titubeia em afirmar que na literatura se encontra a verdade mais profunda do ser humano.

Com isso não quero descartar a grave objeção levantada por, entre outros, meu colega Waldecy Tenorio (2008), que tem mui legítimas razões para desconfiar (no melhor estilo *Riobaldo Tatarana*) do viés autoritário dos teólogos, quando se aproximam da prosa ou da poesia "alegando seu poder teológico". Em estudo que reflete "as difíceis relações entre literatura e teologia, como elas se aproximam e se afastam" e que se pergunta, por fim, "se elas podem mesmo viver juntas", Tenorio opõe, com Barthes, o discurso encrático (pró-poder) da teologia à linguagem acrática (*a-kratos*) da literatura, ou seja, à margem ou contra o poder.

Mas Tenorio admite, ao menos, que "a literatura tem o poder de transformar num escândalo a morte de uma criança", embora, nesse caso, prefira falar em "des-poder".

Não vejo problema nessas ponderações do colega e ex-companheiro puquiano. É bom manter essa tensão irredutível entre teólogos e críticos literários, entre místicos e artistas, ou, como sugere nosso autor, de novo com Barthes, entre o escrevente – que, como cientistas da religião e teólogos, privilegia a mensagem – e o escritor – que ressalta "a linguagem em detrimento do filosofema, do sociologema, do teologema". Além disso, Tenorio discorda – e isso me interessa de perto – de quem afirme que a literatura cria para nada. "O que lemos como literatura", diz ele, "é sempre mais, é história, é psicologia (Barbosa: 1994), (é) teologia. Quer dizer, quando a literatura fala, fala do homem e do mundo. Só que esse *plus* em sua dicção é dado na literatura pela literatura, pela eficácia da linguagem literária".

Por isso Tenorio desconfia de "todos aqueles que simplesmente querem transmitir uma mensagem". E se ampara na poeta Adélia Prado para fechar questão:

Sei que Deus mora em mim
como sua melhor casa.
Sou sua paisagem,
sua retorta alquímica
e, para sua alegria,
seus dois olhos.
– Mas esta letra é minha.

O alerta está dado. "A literatura não pode ser instrumentalizada, não pode ser transformada em veículo de transmissão de mensagem alguma". Nem da teologia, nem da educação. Mas daí não resulta "a impossibilidade teórica do encontro entre a literatura e a teologia". É verdade que Tenorio não sabe se tal diálogo será mesmo possível. Mas deixa a porta aberta (com Kuschel), desde que, com "boa vontade... de parte a parte [...] os teólogos abandonem a arrogância de manipular o texto literário e, por sua vez, os críticos renunciem à arrogância oposta de não querer perceber o elemento religioso pulsando no fundo do texto" (Tenorio: 2008).

Religião na literatura; literatura na educação

Não obstante todas as recomendações acima, é justamente esse risco que estou correndo com as aproximações que tenho tentado, nos últimos anos, entre literatura, religião e educação, no contexto mais amplo do que costuma ser chamado de – e criticado como – Ensino Religioso. Meu parâmetro inicial é a assunção de que o Ensino Religioso propriamente dito deveria ser a transposição didática dos resultados obtidos pela pesquisa da ciência da religião. Dentro dessa moldura, minha proposta tem sido a de discutir as possíveis interações entre as *religiões* com suas estratégias de transmissão (principalmente o ensino), a *literatura* e seus recursos para nos conduzir a outros mundos possíveis em vista de nos despertar para a realidade cotidiana (com destaque para suas referências à experiência do transcendente), e a *ciência da religião* com seu papel na formação de futuros educadores.

Algumas perguntas geradoras têm norteado essa ousadia epistemológico-política: é pensável e possível uma transmissão da qualidade humana na educação sem uma epistemologia mítica (Corbí: 2007)? É pertinente sugerir que os conteúdos de ciência da religião ("saber a ensinar") devam tornar-se "objetos de ensino"? (SOARES: 2010.) Nessa transposição didática, poderá o educador servir-se de textos literários clássicos e/ou contemporâneos? Até que ponto é legítimo que o educador se aproprie desses textos e os utilize no ensino, ainda que respeite a pluralidade religiosa e promova um contato da criança/adolescente com o transcendente/mistério? A aproximação religião e literatura é uma estratégia que educa para o encontro e o diálogo? (Lópes Quintás: 2004; Perissé: 2004).

Como se vê, estamos na iminência de instrumentalizar a literatura, transformando-a em veículo de transmissão de alguma mensagem. Por outro lado, é a própria hermenêutica do texto que nos faz superar a hermenêutica do autor, não é mesmo? Sendo assim, como impedir que o leitor leia, se deixe tocar pela obra e saia modificado desse encontro? E como evitar – se era isso mesmo que o escritor pretendia (ou não era?) – que esse leitor afetado pela obra saia em busca de cúmplices para dar testemunho do encontro mágico que se deu entre ele e a obra? E como negar que estejamos aqui diante de um tipo de processo educativo?

Na verdade, acabei de resumir, no parágrafo anterior, as chaves de leitura que pesquei, principalmente, de J. L. Segundo (1983; 2000) e G. Bateson (1976), segundo os quais aprendemos a viver de forma significativa à medida que vamos nos educando para lidar com uma dupla linguagem nas relações humanas. De forma distinta, simultânea e complementar, essa linguagem expressa sistemas de significação (o icônico, simbólico) e sistemas de eficácia (o digital, científico). Nesse sentido, podemos dizer que a literatura e os demais sistemas simbólicos geram ouvintes/leitores/expectadores cúmplices que geram comunidades, as quais se sedimentam em culturas/sociedades e assim por diante.

O ponto de encontro entre religião e literatura é justamente o que Bateson e Segundo explicam como sendo o processo de verificação/apropriação da linguagem icônica ou simbólica (Soares: 2012).

A verdade literária e seus dados transcendentes

Tinha razão P. Valéry (apud Novaes: 2005) ao sugerir que nada somos sem o auxílio daquilo que inexiste, pois, como diz o poeta Manoel de Barros, "as coisas que não existem são mais bonitas". Nenhuma vida social se sustenta no longo prazo se as pessoas não pressupuserem – e como elas precisam se deixar convencer disso! – que há luz no fim do túnel e ordem detrás do caos. Qualquer instituição social básica depende desse postulado. Porém, mais que superadas (como resolver a morte?), tais "anomalias" precisam ser explicadas de forma a serem acomodadas na ordem presumida. Qualquer esforço nessa direção pode chamar-se teodiceia. Uma teodiceia que se queira realmente convincente – mais até: sedutora! – deverá vir embalada num conduíte flexível e eficiente o bastante para cativar, motivar e direcionar. E este é a linguagem simbólica ou icônica.

A linguagem icônica não substitui a observação científica nem a especulação filosófica, mas, de certa maneira, as inclui e ultrapassa na medida em que nomeia seus postulados indemonstráveis. Daí vem sua força como ducto de teodiceias, pois se há uma área de nossas preocupações em que a explicação do problema conta mais que sua eventual resolução ou eliminação, é exatamente esta. Sendo assim, não admira a atenção que a linguagem tenha recebido da filosofia no século XX e mesmo o tempo e o cuidado que alguns teólogos lhe votaram (Segundo: 1985). Também é compreensível que, diante das atrocidades cometidas no século passado – cujo paradigma acabou sendo Auschwitz –, a especulação filosófica e teológica tenha dado lugar a relatos testemunhais (Wiesel: 2006) e a criações ou redescobertas literárias (Camus: 2007; 2008).

Em *Finitude e culpabilidade*, P. Ricoeur partia justamente da convicção de que não chegamos à realidade existencial e histórica com a simples especulação; precisamos ter contato com a experiência mesma, que se expressa nos símbolos e nos mitos (e nos ritos e nos credos...). A reflexão, dizia ele, precisará beber dessas palavras primordiais se quiser encontrar a experiência e poder pensá-la filosoficamente. Sua "repetição" – o exame cuidadoso e empático dessa palavra simbólica – "constitui a mediação indispensável: a repetição 'não é mais religião vivida e ainda não é filosofia'" (Ricoeur, apud Torres Queiruga: 2000).

Um leitor crítico contemporâneo certamente se incomodaria com a afirmação da relevância do simbólico-icônico perante o científico e se perguntaria se a verdade e o princípio da verificabilidade das proposições não estariam sendo minados. Acontece que a linguagem icônica tem critérios próprios de verificabilidade. Estimulado pelo segundo Wittgenstein (o de *Investigações filosóficas*), que reconhecia a cada tipo de linguagem uma lógica própria, e municiado por G. Bateson, que estudara os caminhos ecológicos da aprendizagem humana, J. L. Segundo esclarece os três tipos ou níveis de verificabilidade da linguagem conotativa.

A linguagem icônica é primariamente composta de conotações afetivas. É esse valor, e não outro, que provoca em mim sinalizações positivas (alegria, segurança, esperança...). Assim, posso ser tocado por um conto de Guimarães Rosa (*A hora e vez de Augusto Matraga*, por exemplo) ou por uma composição de Chico Buarque de Hollanda ("O que será?" ou "Cálice"), ou ainda por um recanto ou uma pessoa recém-conhecida. Algo nessa pessoa ou nesses objetos/lugares me toca, me afeta. Em seguida, essa primeira experiência me levará a discernir e a me comprometer para que tais sinalizações se repitam. Assim, "uma linguagem tem sentido e significação se dela, ou daquilo que é dito por ela, depende que todo o meu agir e meu existir sejam de um modo ou de outro" (Segundo: 1985). Ou seja, vou reler o conto de Guimarães Rosa, ouvir de novo a canção do Chico e procurar conhecer suas outras criações na expectativa de ser, mais uma vez, afetado por elas.

Essa segunda consequência, ético-existencial, deságua numa terceira: a repetição comunitária; isto é, eu pretendo que também os demais se apercebam da razoabilidade de minha escolha. A dificuldade, nesse nível, é que não se trata de um fenômeno físico cuja hipótese, cedo ou tarde, será cientificamente confirmada ou não. Nessa sede não há uma teoria submetida à realidade; antes, é a premissa que vigora soberana, exigindo minha "fé". "No mundo da significação uma premissa jamais cede; ao contrário, ela se impõe à realidade. Todo *dever-ser* é assim, e tal é a característica de todo *valor*: se valida a si mesmo. Mais que 'demonstração' eu exijo 'fé' no meu valor" (ibidem, p. 193). O terceiro grau de verificabilidade apela, de um ou de outro modo, a uma experiência escatológica. *"Em parte*, portanto, toda estrutura de valores se fundamenta, de maneira necessária, na satisfação *última* que se espera da conjunção da prática desse valor ou conjunto de valores por um lado, e da (presumida) realidade" (ibidem, p. 194). Ela pede, da parte de meu interlocutor, o exercício muito humano da fé.

Essa verificabilidade final se identifica com o conceito secundiano de "dado transcendente" – aquele dado que eu aceito por intermédio de testemunhas referenciais – pessoas ou obras de ilibada reputação – sem me deter em verificações. Também porque seria impossível comprová-lo, até as últimas consequências, antes de torná-lo meu. O icônico autêntico, diz J. L. Segundo, continuamente me persuade, numa espécie de raciocínio circular, de que *"dado tal fato (datum), que eu assumo como verdadeiro* (embora não possa verificá-lo empiricamente, por enquanto), *no final se verá que era melhor agir assim..."* (ibidem, p. 195).

Conforme explicará Segundo em *O dogma que liberta*, a linguagem icônico-simbólica entra em relação com a problemática existencial do ser humano. O icônico, na mesma expressão da resposta, alude inequivocamente àquilo que incomoda o leitor/ouvinte/expectador e autoriza/recupera a emoção que gerou tais questionamentos. Em segundo lugar, a narração (e a arte em geral) torna críveis os postulados que dão sentido à comunidade envolvida nesses enredos e faz com que se "veja" a racionalidade subjacente a esta ou aquela realidade. Essa comunhão de sentimentos em torno dos valores que nos afetaram nos relatos gera, em última instância, a cultura – e haverá tantas culturas quantas forem as variações nessas criações icônicas.

74

Literatura como caminho educativo?

Em minha linha de pesquisa na pós-graduação, tenho trabalhado com a hipótese de que seja possível e pertinente uma retomada de textos paradigmáticos da história da humanidade (Bíblia hebraica, Odisseia, tragédias gregas, evangelhos cristãos, comédia dantesca, El Quijote etc.), buscando neles uma sabedoria que transborda fronteiras estritamente confessionais em benefício de uma educação infantojuvenil que agregue valores, tais como o do cultivo do diálogo, da defesa da vida humana, do respeito a uma ecologia planetária, da solidariedade para com outros seres que compartilham o planeta, a começar pelos seres humanos mais excluídos do convívio social. Essa abordagem não exclui que culturas e religiões individualizadas busquem meios de transmissão e ritos de iniciação endereçados a seus próprios pares. Mas imagina ser possível vislumbrar um caminho atraente (uma "verdade mais profunda"?) na possibilidade de interação lenta e gradual entre práticas e cosmovisões simbólico-espirituais.

Seria isso uma instrumentalização da literatura, como teme W. Tenorio? O risco existe, é claro, mas creio que uma distinção prévia entre ensino e educação – em que o primeiro é entendido no contexto de uma disciplina inserida numa grade curricular e a segunda é um processo mais amplo e abrangente – possa ajudar a tentar superar o problema. Assim, a literatura, embora não se pretenda doutrinadora nem veículo transmissor de recados mais ou menos camuflados, é prenhe de significado.

G. Perissé (2006), cujas ideias sintetizo a seguir, aproxima educação e literatura com a expressão *cócegas na inteligência*. E explica com um exemplo tirado de Marcelino Freire, no livro *eraOdito* (1998), em que este reelabora de forma provocativa (e *cutucativa*) algumas frases feitas e provérbios, como no famoso asserto de Monteiro Lobato: "Um país se faz com homens e livros".

um país se faz MONEY com homens e livros

Ilustração do artigo "Literatura, religião e educação:
considerações a partir da ciência da religião"

Ao destacar graficamente algumas letras, Freire sugere entrelinhas e interditos e, infere Perissé, acaba ensinando uma forma de ler criticamente. Mais: a leitura proporciona, segundo Perissé, uma espécie de *biblioterapia*, pois oferece um tipo de controle sobre a situação que sopra algumas saídas. Por isso ele vê a biblioterapia como leitura educadora, isto é, quando leio, tomo distância da rotina e do desespero cotidiano, entrando num espaço de suspensão – um *slow motion a la Matrix* – que me possibilita parar, rever, redesenhar, redescobrir, decidir, escolher, reverter e por aí vai.

Segundo Perissé, quando se opta de preferência pela leitura de obras de ficção, é legítimo falar em terapia literária. Esta começa no bibliodiagnóstico, ao me revelar problemas que eu não sabia serem tão reais, servindo-me, de fato, como método de conhecimento do mundo e de conhecimento próprio (observação e auto-observação). Trata-se, no dizer desse educador, de "conhecimento intuitivo, mediado pela metáfora, embalado pela musicalidade verbal, guiado por narrativas cuja lógica ultrapassa lugares-comuns e estereótipos". Um processo, afinal, humanizador, que pode – e deve – começar na escola, mas sem dúvida a ultrapassa, pois, como diz esse autor, a literatura é "o tratamento de nossas 'desumanidades' por meio de alterações induzidas em nossa imaginação, em nossa maneira de ver e sentir o mundo".

Retomando a hipótese, é cabível afirmar que a Literatura, como fenômeno estético e arte da palavra, não visa informar, ensinar, doutrinar, pregar ou documentar, embora, secundariamente, possa conter história, filosofia, ciência e religião. Ela pode ser veículo de outros valores, mas seu valor e significado residem no aspeto estético-literário [sentimento estético]. Como transfiguração do real, a realidade recriada por intermédio do espírito do artista é verdade estética e não verdade histórico-fatual. Seus "fatos", todavia, são, na explicação de A. Coutinho, "as verdades humanas gerais, que traduzem antes um sentimento de experiência, uma compreensão e um julgamento das coisas humanas, um sentido da vida, e que fornecem um retrato vivo e insinuante da vida, o qual sugere [*mas não*] esgota o quadro". São, enfim, "verdades da mesma condição humana" (Coutinho: 2008, 24-25).

Sendo assim, não me parece uma usurpação aproximar-se da literatura e da teologia a partir do enfoque de uma transposição didática da ciência da religião rumo à educação (mesmo que destinada ao Ensino Religioso). É essa perspectiva que norteia minha pesquisa atualmente em andamento e que intitulei, provisoriamente, desta forma: "Literatura, Religião e Educação: aprendendo no *caminho*; metáfora religiosa ou modelo educativo?". Meu ponto de partida está expresso na seguinte pergunta geradora: O que têm em comum o êxodo hebreu, o regresso de Odisseu, os pés feridos de Édipo, a subida de Jesus a Jerusalém, a comédia dantesca e os contos de Guimarães Rosa?

Minha hipótese é que se trate de roteiros de experiências de sentido que só se dão e se transmitem *a caminho*. Seguindo esses roteiros de *viagem*, venho investigando como a literatura e os textos fundadores de religião dão conta desse mote da *travessia* no processo de constituição de seus sistemas de significação. No fundo, pretendo defender que, se de um lado, nenhuma religião prescinde de modelos pedagógicos para perpetuar sua experiência fundante, de outro, os modelos educativos laicos talvez sejam secularizações do religioso. Sendo assim, tentarei apenas sugerir – por enquanto – que é possível relacionar, pela via da Literatura, as estratégias de transmissão da Religião com os postulados axiológicos da Educação.

Porque, afinal, não é somente o teólogo, mas todo e qualquer educador, que corre o risco de derrapar em vieses autoritários quando se aproxima do patrimônio simbólico da humanidade. E desafia a ambos a pena de escolher, cotidianamente, entre a linguagem encrática, "despudorada" e tradicionalista, e a linguagem acrática "despoderada" da tradição autêntica – aquela que uma vez Chesterton (2008) apelidou de "democracia dos ancestrais".

Referências bibliográficas

BARBOSA, J. A. *Literatura nunca é apenas literatura*. São Paulo: FDE, 1994.

BARCELLOS, J. C. *Literatura e teologia*: perspectivas teórico-metodológicas no pensamento católico contemporâneo. Disponível em: <http://www. editoraufjf.com.br/revista/index.php/numen/article/viewFile/852/737>.

BARROS, Manoel de. O livro das ignorãças. *Poesia completa*. São Paulo: Leya, 2010.

BATESON, G. *Pasos hacia una ecología de la mente*; una aproximación revolucionaria a la auto comprensión del hombre. Buenos Aires/ Mexico: Carlos Lohlé, 1976.

CAMUS, A. *A queda*. Rio de Janeiro: BestBolso, 2007.

_____. *A peste*. Rio de Janeiro: BestBolso, 2008.

CHESTERTON, G. K. *Ortodoxia*. São Paulo: Mundo Cristão, 2008.

CORBÍ, M. *Hacia una espiritualidad laica*; sin creencias, sin religiones, sin dioses. Barcelona: Herder, 2007.

COUTINHO, A. *Notas de teoria literária*. Petrópolis: Vozes, 2008.

GESCHÉ, A. *O sentido*. São Paulo: Paulinas, 2005.

LÓPES QUINTÁS, A. *Inteligência criativa*: descoberta pessoal de valores. São Paulo: Paulinas, 2004.

MAGALHÃES, A. C. de Melo. Religião e interpretação literária: perspectivas de diálogo entre ciências da religião e literatura. *Religião & Cultura* III/6 (2004): 11-27.

NOVAES, A. *Poetas que pensaram o mundo*. São Paulo: Companhia das Letras, 2005.

PERISSÉ, G. *Filosofia, ética e literatura*: uma proposta pedagógica. Barueri: Manole, 2004.

_____. *Literatura & educação*. Belo Horizonte: Autêntica, 2006.

SEGUNDO, J. L. *Fé e ideologia*: as dimensões do homem. São Paulo: Loyola, 1983. v. I-II.

_____. *O homem de hoje diante de Jesus de Nazaré*. São Paulo: Paulinas, 1985. v. I.

_____. *O dogma que liberta*. 2. ed. São Paulo: Paulinas, 2000.

SOARES, Afonso M. L. *De volta ao mistério da iniquidade*. São Paulo: Paulinas, 2010.

_____. *Religião & Educação*: da ciência da religião ao Ensino Religioso. São Paulo: Paulinas, 2010.

TENORIO, W. Sob a invocação de Guimarães Rosa: literatura e teologia num conto de Tutameia. *Rev. USP*, 78/2008. Disponível em: <http://www.revistasusp.sibi.usp.br/scielo.php?script=sci_arttext&pid=S0103-99892008000300011&lng=pt&nrm=iso>. Acesso em: 07/09/2012.

TORRES QUEIRUGA, A. *La constitución moderna de la razón religiosa*: prolegómenos a una filosofía de la religión. 2. ed. Estella: Verbo Divino, 2000.

WIESEL, E. *A noite*. 3. ed. Rio de Janeiro: Ediouro, 2006. (Ed. orig.: 1958).

Plantando raiz para colher flor: educação e aprendizado nas religiões afro-brasileiras

Érica Ferreira da Cunha Jorge*
Maria Elise Rivas**

Os escravos negros contavam essas histórias para seus filhos, que contavam para seus netos, que contavam para os que nasciam depois deles e assim por diante [...]. Eles faziam festas para lembrar essas histórias, dançavam e cantavam em homenagem aos seus orixás pedindo-lhes que dessem saúde, paz, prosperidade, amor e tudo aquilo que faz da vida de um ser humano uma aventura boa de se viver.[1]

Introdução

Pensar em educação nas religiões afro-brasileiras é evocar tradições. É rememorar histórias. É narrar mitos e vivê-los. É também falar em família, em terreiro, em axé!

As religiões de matrizes africanas no Brasil abarcam um amplo conjunto de fazeres e práticas as quais, por falta de aprofundamento, muitas vezes são categorizadas em um único bloco monolítico sob o nome *religiões afro*. Entretanto, há uma gama vasta de religiões que se constituíram a partir dos referenciais

---

* Mestre em Ciências Humanas e Sociais pela Universidade Federal do ABC. Professora pesquisadora da Universidade Aberta do Brasil/UFABC e da Faculdade de Teologia Umbandista. Membro do grupo de pesquisa Identidades Plurais e Representações Simbólicas – UFABC.

** Mestre em Ciências da Religião pela PUC-SP. Vice-diretora da Faculdade de Teologia Umbandista. Membro do grupo de pesquisa Gênero, Religião e Política – PUC-SP.

[1] PRANDI, Reginaldo. *Ifá, o adivinho*: histórias dos deuses africanos que vieram para o Brasil com os escravos. São Paulo: Companhia das Letrinhas, 2002.

da tradição africana, entre os quais destacamos o candomblé, o tambor de mina, o batuque do sul, o xangô do nordeste e até mesmo a umbanda, tida como originalmente brasileira. Todas estas *escolas afro-brasileiras* (Rivas Neto, 2012), ainda que tenham se constituído por um múltiplo referencial (como, por exemplo, o catolicismo popular e a tradição ameríndia), herdam muito dos fundamentos e práticas das religiões africanas.[2]

Neste artigo, optamos por utilizar a nomenclatura *religiões afro-brasileiras* e não fazer um recorte com apenas uma destas tradições, posto que todas elas apresentam traços semelhantes no que se refere à transmissão educacional-religiosa das crianças. Nesse sentido, nosso texto terá como objetivo apresentar a relação entre a família sanguínea e sua consequente descendência e a educação religiosa, com a preocupação de entender como se dá o arranjo familiar e a formação da criança que se insere no contexto religioso afro-brasileiro.

As formas pelas quais os indivíduos aprendem os códigos e normas de uma organização social religiosa e, efetivamente, passam a vivenciar essa determinada cosmovisão são fontes ricas para pesquisa bem como auxiliam, do ponto de vista acadêmico, a oferecer à sociedade uma visão mais clara sobre a relação entre filiação religiosa e experiências individuais. Com vistas a atender essa discussão, nosso texto está organizado em três tópicos. No primeiro deles, destacamos a relação existente entre a família consanguínea dos adeptos e a própria família de santo. A seguir, discutimos a importância dos terreiros afro-brasileiros para a constituição identitária a partir da perspectiva antropológica de que o *lócus* religioso engendra modos específicos de ser no mundo. Finalmente, uma vez apresentados as famílias (de sangue e de santo) e o espaço em que transitam os adeptos, discorremos no terceiro tópico sobre o método e alicerces da transmissão da educação religiosa afro-brasileiras.

---

[2] Segundo Albuquerque e Fraga Filho (2006, p. 103) "o termo mais comum para nomear as práticas religiosas de origem africana parece ter sido calundu, expressão angolana que vem da palavra *kilundu*, que significa divindade em língua umbundo".

Entre a família de sangue e a família de santo: as redes de socialização

Se nos referimos ao conceito de família para algum adepto das religiões afro-brasileiras, muito provavelmente a resposta será: você me pergunta sobre qual família, a consanguínea ou a do terreiro? Este questionamento é deveras natural e justo se pensarmos no processo histórico-cultural de formação e arranjo dessas religiosidades em solo brasileiro.

As tradições africanas chegaram ao Brasil por meio do processo escravagista e as comunidades negras acabaram se formando em função da desagregação familiar resultante do tráfico e das péssimas condições de vida. A condição de escravos dificultava que o vínculo consanguíneo fosse mantido e, por consequência, a manutenção da família, já que os membros desta geralmente eram comprados por diferentes proprietários e acabavam vivendo em locais muito distantes. O vínculo que se estabelecia entre as comunidades de escravos remetia, portanto, às condições de trabalho, aos diferentes grupos étnicos e as crenças religiosas destes. A identidade étnica e religiosa eram fatores fortes de agregação entre os escravos. Havia várias identidades étnicas provenientes do trânsito entre África e Brasil, como, por exemplo, os negros angola, congo, monjolo, cabinda, mina, jêje, nagô, haussá, entre tantas outras. Todos esses grupos constituíam-se em nações e foram obrigados a conviver juntos justamente pela situação que o processo escravagista impunha. Línguas, costumes, hábitos e crenças começaram a ser comungadas, conhecidas e reinterpretadas no interior das senzalas e acabaram se expandindo para outros locais de sociabilidade, quando alforriados. A noção de parentesco, nestes casos, ultrapassou a estreita visão sanguínea, conforme esclarecia Lévi-Strauss (2008, p. 64):

> Um sistema de parentesco não se encontra nos laços objetivos de filiação ou consanguinidade dados entre os indivíduos. Ele só

existe na consciência dos homens, é um sistema arbitrário de representações, e não o desenvolvimento espontâneo de uma situação de fato.

Na Bahia dessa época, por exemplo, a palavra *parente* significava o negro pertencente à mesma etnia e não referia-se ao laço sanguíneo (Albuquerque e Fraga Filho, 2006). Vê-se, portanto, que a relação de parentesco se adequava mais às afinidades étnicas, culturais e religiosas do que propriamente ao vínculo consanguíneo. Foi então no seio das comunidades formadas nas senzalas que os negros provenientes de diversas etnias puderam preservar parte da tradição africana e, ao mesmo tempo, criar novas formas de sociabilidade:

> Para o africano desenraizado pelo tráfico, a recriação de laços familiares no Brasil foi fundamental para enfrentar a dor da separação dos parentes deixados na África. No interior da família constituída aqui muitas vezes era possível recuperar valores, formas de convivência doméstica e crenças vivenciadas na África (Albuquerque e Fraga Filho, 2006, p.97)

Embora no início os africanos privilegiassem o casamento endogâmico, em que negros da etnia nagô casavam-se apenas com nagô, haussás apenas com haussás, com o passar do tempo esse traço se flexibilizou e os negros começaram a envolver-se maritalmente, inclusive, com outras nações, processo que possibilitou um entrelaçamento ainda maior das culturas religiosas dessas nações.

Diante da situação de desenraizamento dos laços culturais vividos em África, os escravos acabavam criando parentescos simbólicos, indo além dos laços conjugais e sanguíneos. Esses laços criados foram tecidos a partir da experiência de desagregação da vida cultural-religiosa "de origem" dos cativos, os quais "incorporaram no âmbito da família parentes de consideração e parceiros de trabalho, padrinhos e madrinhas, afilhados e afilhadas, compadres e comadres" (Albuquerque e Fraga Filho, 2006, p. 100). E são as terminologias associadas ao parentesco sanguíneo (mãe, pai, filhos, afilhados [as]) que foram incorporadas na terminologia do povo de santo, no interior das comunidades religiosas afro-brasileiras formadas.

As comunidades religiosas afro-brasileiras, sejam estas os primeiros candomblés vinculados mais diretamente às tradições nagô ou às tradições jejes, ou ainda as comunidades umbandistas já mais sincretizadas com outros elementos, criaram um modelo de família pautado na relação vertical que se estabelece entre um pai (mãe) de santo e seus filhos e na estrutura mítica e simbólica que permeia a cosmovisão religiosa afro-brasileira.[3] Todos os membros da família de santo comungam da mesma crença religiosa, sendo o principal elemento desta a noção relacional entre as divindades cultuadas e os seres humanos. Segundo Albuquerque e Fraga Filho (2006, p. 102):

A "família de santo", criada nos candomblés, ampliaria os limites do parentesco escravo. Era uma espécie de recriação da família ampliada existente na África. Além disso, os laços familiares criados em torno do culto dos ancestrais representaram a possibilidade de recompor simbolicamente laços de parentesco desfeitos no tráfico ou no curso da vida escrava. Ao juntar no mesmo culto escravos, libertos e livres, a família de santo terminou criando redes sociais que não eram regidas pelas divisões e hierarquias vigentes no mundo da escravidão. As casas de culto eram regidas por outras normas e noções de obediência e disciplina, de proteção e assistência, de gratificações e sanções, de tensões e conflitos.

---

[3] Ainda que haja diferenças entre as cosmovisões afro-brasileiras, todas são unânimes em acreditar na relação entre um plano espiritual e outro material.

Vê-se que a família de santo possibilitou a recriação de valores e crenças trazidas do continente africano e instituiu uma estrutura bastante organizada regida pelas noções de autoridade e de irmandade. Tal estrutura garantia e continua garantindo uma das funções principais dos grupos religiosos afro-brasileiros, de "dar a seus participantes um sentido para a vida e um sentimento de segurança e proteção contra os sofrimentos de um mundo incerto" (Costa Lima, 2003, p. 64).

Assim, toda a estrutura organizacional das famílias de santo pauta-se na relação entre uma liderança religiosa e os seus, estes subordinados à primeira. O pai (mãe) de santo é responsável por orientar os filhos de santo em seus processos de iniciação, conduzem as cerimônias, coordenam o terreiro e todas as atividades a ele vinculadas, e apontam funções específicas a cada membro da "família", mediante o grau hierárquico atingido. As funções dentro da comunidade de santo relacionam-se, portanto, ao grau de iniciação que cada pessoa atinge, os anos de contato com o(a) sacerdote e as cerimônias pelas quais já passou.

> O poder da mãe (*pai – grifo meu*) de santo e sua autoridade sobre os filhos de sua casa podem ser expressos pelas cerimônias de iniciação em seus vários graus de intensidade. É a mãe de santo quem integra a pessoa no grupo com os rituais adequados para cada nível de participação. [...] Em cada um desses ritos, a mãe (*pai – grifo meu*) é a intermediária da força mística dos orixás (*ou voduns e inkices – grifo meu*) com o corpo de seus filhos; ela é quem estabelece essa comunicação, quem consagra e quem interpreta a vontade dos santos, criando assim, nos momentos críticos da iniciação, uma dependência que resulta num sistema de expectativas mútuas, entre ela e seus filhos de santo (Costa Lima, 2003, p. 135).

Há, portanto, na família de santo uma divisão bastante nítida. Ela divide-se em pai ou mãe, podendo existir ou não um pai ou mãe pequenos,[4] e os filhos de santo. A autoridade das lideranças religiosas é exercida em todos os momentos: na chegada de um filho espiritual ao terreiro, o qual necessariamente deve pedir a bênção e a permissão de entrar no local sagrado; nas preparações dos rituais em que os sacerdotes acompanham as tarefas de seus filhos de santo, com orientações verbais ou mesmo com pequenos gestos e expressões faciais, e em tantas outras situações. Isso demonstra que as lideranças religiosas possuem um poder simbólico (Bourdieu, 2010) resultante do *status* religioso dentro da comunidade interna, a qual, entendida como uma organização social, possui regras e normas específicas para seu bom funcionamento.

Vê-se, portanto, que assim como a família, a religião se apresenta como uma forma de sociabilidade provendo sentido e visão de mundo capaz de nortear as ações dos indivíduos (Geertz, 2008). Os adeptos que comungam de uma mesma crença religiosa passam a dividir experiências e estilos de vida similares, criando, consequentemente, formas peculiares de entender a vida. As religiões funcionam como caminhos de conexão do indivíduo com o que este acredita ser sagrado e também fornecem uma estrutura axiológica específica, permitindo que seus adeptos atuem no mundo segundo princípios que podem, inclusive, não ser compartilhados pela sociedade como um todo. Tal teia de valores, entretanto, em sua maioria, é tecida no interior da família, na esfera privada, sendo a instituição familiar um *locus*, por excelência, transmissor e reprodutor de valores. Assim, ambas as instituições, família e religião são:

> [...] estruturas mediadoras entre o domínio público e o privado
> [...] elas fornecem uma base social que se pretende segura para

---

[4] Pai e mãe pequenos são os sacerdotes que, dentro da hierarquia do santo, situam-se logo abaixo dos pais e mães de santo. Na dependência de cada terreiro eles podem substituir os sacerdotes em determinados rituais.

a atuação do indivíduo no 'turbulento mundo criado pela modernidade capitalista' (Machado, 1996, p. 33).

É no interior da família que o indivíduo vai buscar seus referenciais e construir sua visão de mundo que lhe permitirá atuar em diferentes dimensões da vida social. Assim como o indivíduo busca encontrar na prática religiosa valores que reforcem os já apreendidos em sua socialização familiar ou que os ampliem, no universo afro-brasileiro essa interface família e religião é bem nítida principalmente porque a grande maioria dos adeptos inicia sua vida religiosa já na infância e são levados para os rituais pela sua família sanguínea ou por amigos próximos que já tiveram essas experiências religiosas. Outro dado a ser levado em conta é o fato de que os espíritos cultuados pelos afro-brasileiros não são cultuados apenas no espaço institucional da religião: o terreiro. Ao contrário, eles "baixam" no espaço doméstico, no interior de casas e apartamentos, fazendo parte do cotidiano de seus médiuns, conforme esclarece Rabelo (2008, p. 195): "instalando-se como um terceiro nos circuitos de relações de seus médiuns, as entidades acrescem novas camadas de sentido a estas relações, às vezes novas direções aos fluxos de autoridade e afeto na família".

Assim, retornando à pergunta inicial sobre o conceito de família para os afro-brasileiros, muitas vezes torna-se difícil a elaboração de uma resposta, pois já não se sabe se o indivíduo possui duas ou apenas uma família, se ele tem a família sanguínea e a família de santo ou se introjeta uma visão de família que se constitui pela intersecção entre ambas.

Os terreiros como lócus de construção identitária

A discussão em torno da infância perpassa diferentes áreas, como psicologia, educação, antropologia e sociologia. Não sabemos se é possível falarmos em crianças afro-brasileiras, posto que a identidade desse universo religioso se compõe de uma infinidade de contribuições étnico-culturais, e seria arriscado categorizarmos a identidade segundo a perspectiva moderna:

Conceituar a infância (ou criança) afrodescendente numa dimensão de identidade moderna parece um risco, já que estamos nos referindo a um grupo étnico constituído a partir de uma pluralidade cultural e biológico/racial que, por si, já desloca a fixidez identitária para o plano da alteridade. Ou seja, a identidade da criança afrodescendente se dá a partir de múltiplos elementos. Ela é multifacetada, complexa, no sentido de que possui elementos diversos oriundos de grupos étnicos africanos e racionalidades distintas que se articulam e formam um todo (Santos, 2006, p. 40).

A identidade das crianças que se inserem na religiosidade afro-brasileira se constitui, portanto, por várias outras, sendo, por isso, difícil de categorizá-la rigidamente. Se pudéssemos clarear a questão diríamos que essa identidade é transformada continuamente. Essa perspectiva leva em consideração o pensamento de Stuart Hall, segundo o qual os sujeitos sociais da contemporaneidade não possuem identidade fixa; ao contrário, ela "é definida historicamente, e não biologicamente" (Hall, 2011, p.13). Isto se torna fundamental para entendermos a posição dessas crianças que hoje já não são mais africanas, nem indígenas, nem brancas, mas mestiças. No entanto, a herança de seus antepassados funciona como um arquivo que é acionado em determinadas situações. Como todo arquivo, ele guarda as experiências dos vários povos e é ativado de acordo com as necessidades.

A identidade das crianças de religiosidade afro-brasileira foi, portanto, construída a partir dos vários laços tecidos entre os diferentes grupos étnicos, os quais por sua vez entraram em contato com outros tantos. O eixo orientador de tal identidade, porém, foi sustentado por meio dos valores e normas sociais compartilhados entre os grupos cujas línguas eram intercomunicantes e que possuíam sistemas míticos comuns, como afirma Lima (2003), ao dizer que o "povo de santo" procurou manter a fidelidade às suas crenças ancestrais, mitos e valores.

Se, por um lado, a sociedade brasileira dos séculos XIX e XX criava seus "filhos" com base no eurocentrismo e no espírito científico da época (mesmo que este fosse extremamente excludente), por outro, as comunidades de terreiro foram responsáveis por abarcar essas famílias, atuando em sentido oposto, criando laços de inclusão e de fortalecimento da identidade grupal:

> Os africanos e seus descendentes na Bahia se fizeram unidos aos seus parentes, ao território africano e à sua experiência, através dos laços de solidariedade e dos cultos (que envolve musicalidade, dança, contato com a natureza e tradição oral) praticados nos terreiros (Santos, 2006, p. 45).

As comunidades de terreiro, ora chamadas de povo de santo, acabaram por cumprir uma função de integração de indivíduos, quando estes sofreram uma dupla desagregação (Bastide, 1971): a primeira no que se refere à perda de vínculo com a terra-mãe, a África, e a segunda, por serem excluídos dos laços da sociedade brasileira. Os terreiros afro-brasileiros atuaram como um "conector histórico, uma espécie de fio intergeracional que preserva os valores éticos de um passado pronto a ser narrado" (Sodré, 1999, p. 118). É dentro dessas comunidades religiosas que muitas crianças foram criadas, entre um ritual de iniciação e outro, entre uma saída de orixá, uma festa de caboclo ou tantos outros momentos vivenciados no interior dos terreiros.

As experiências de vida dos adeptos afro-brasileiros vão sendo acumuladas mediante toda a apreensão do espaço ritual, o qual confere um modo peculiar de ser e agir no mundo. Os terreiros não são, portanto, apenas locais para que a instituição religiosa "umbanda" ou "candomblé", ou qualquer outra, se concretize. Eles são muito mais que isso, são espaços em que as cenas sociais[5] constroem-se: o espaço, na vivência ritual, é o cenário das experiências humanas, a esfera da atuação que instaura a imersão dos indivíduos com o ambiente que os circunda. Além disso, como a vida religiosa afro-brasileira é muito intensa com práticas rituais, muitas vezes, diárias, é possível estabelecer um *continuum* entre a casa familiar e a casa de santo. Nesse sentido, não há um espaço sagrado e outro profano[6] para os adeptos; eles entendem os dois ambientes como espaços importantes para a significação de seus atos culturais, um arranjo entre a socialização primária e a secundária.

É possível observar que os terreiros se constituem em espaços sagrados porque assumem o lócus de guardiões das divindades e, por isso, passam a ser valorizados. Nos terreiros as oferendas rituais são realizadas, os toques e cânticos sagrados são entoados e é o espaço em que a família de santo se encontra para compartilhar axé.[7] No entanto, a maioria dos lares de adeptos afro-brasileiros acaba criando um espelhamento do terreiro, construindo um espaço destinado a pequenos altares, quadros de orixás, velas e orações, o que Latour (2002) chama de objetos encantados. Esses objetos são conhecidos nas religiões

---

[5] O conceito de *cenas sociais* foi definido por Weber (2001) e indica sistemas de interações cujos significados são compartilhados, trocados e ressignificados pelos agentes envolvidos nessas relações.

[6] Segundo a abordagem de Terrin (2004), o espaço sagrado e o espaço profano são categorias relacionais em que os confins são móveis e flexíveis.

[7] Segundo Prandi (1991, p. 103), axé é força vital, energia, princípio de vida, força sagrada dos orixás. Axé é o nome que se dá às partes dos animais que contêm essas forças da natureza viva, que também estão nas folhas, sementes e nos frutos sagrados. Axé é bênção, cumprimento, votos de boa sorte e sinônimo de amém. Axé é poder. Axé é o conjunto material de objetos que representam os deuses quando estes são assentados, fixados nos seus altares particulares para serem cultuados. São as pedras (os otás) e os ferros dos orixás, suas representações materiais. Axé é carisma; é sabedoria nas coisas do santo, é senioridade. Axé se tem, se usa, se gasta, se repõe, se acumula. Axé é origem, é a raiz que vem dos antepassados.

afro-brasileiras como assentamentos e podem ser encarados como símbolos referenciais e condensados.[8]

A duplicação ou espelhamento do universo simbólico religioso do terreiro para o interior dos lares permite que um ambiente aparentemente secular transforme-se em sagrado à medida que os objetos encantados e assentamentos concretizam a crença na espiritualidade e orixás, e ancestrais passam a existir nesses objetos. À guisa de esclarecimento sobre quem são as divindades cultuadas, Rivas Neto (2002) formulou um diagrama explicativo que pretende dar conta da pluralidade da crença afro-brasileira:

Vertente-Una do Sagrado
Divindade Suprema (Tupan, Zamby, Olodumare, Deus)

◆

Potestades Divinas (Orixás, Inkices e Voduns)

◆

Ancestrais ilustres
(crianças, caboclos, pretos velhos, exus entre outros)

◆

Humanidade

O diagrama reflete a hierarquização das divindades existente na teologia afro-brasileira. Segundo o autor, todas as escolas afro-brasileiras possuem a finalidade de reunir o homem com sua realidade espiritual, porém, com nomenclaturas diferenciadas. Na frase abaixo o diagrama pode ser mais bem elucidado:

> todas as escolas afro-brasileiras acreditam numa realidade divina, eterna, una e imaterial [...] existem também seres que coor-

---

[8] Turner (1969) faz uso da teoria de Edward Sapir, segundo o qual há duas classificações para os símbolos: os referenciais e os condensados. Os primeiros refletem uma elaboração formal consciente e os segundos alcançam os espaços do inconsciente e envolvem qualidades emocionais que muitas vezes não são decodificadas racionalmente. Os assentamentos dos orixás afro-brasileiros são símbolos referenciais, posto que constituídos de elementos concretos relacionados ao axé (elementos minerais, vegetais e animais) e também são símbolos condensados por permitir que os adeptos entrem em contato, de forma inconsciente, com uma tradição milenar.

denam o universo, as formações da matéria, as leis que regulam a evolução dos seres, como nomes diferentes mas com funções semelhantes [...]. A seguir, temos os ancestrais ilustres, que viveram no planeta encarnados e foram veículos de manifestação do sagrado. Finalmente, temos a humanidade (os adeptos, no caso) que se engajam nesse processo de verticalização (Rivas Neto, 2002, p. 387).

Retornando à questão simbólica, uma vez estabelecida a crença e criadas estratégias materiais para que ela se concretize, no caso, os objetos encantados e assentamentos nos lares, os adeptos acabam por formular um modo de vida pautado na vivência da espiritualidade, entendendo-a mesma como uma extensão de sua vida, já que essa se manifesta não apenas no espaço clássico para a experiência religiosa (Berkenbrock, 2003), o terreiro, mas inclusive em sua cotidianidade.

A formação espiritual das crianças que comungam da crença afro-brasileira

Nos tópicos anteriores apresentamos a relação entre a família consanguínea e a família de santo e discutimos a importância dos terreiros como espaços que criam, reformulam e reforçam uma identidade religiosa afro-brasileira. Neste tópico pretendemos apresentar os elementos fundamentais que estruturam o processo de conhecimento afro-brasileiro na expectativa de construir um eixo direcionador que aponte como as crianças são educadas espiritualmente no ambiente familiar.

A educação de crianças que comungam da crença afro-brasileira se dá pelo método da oralidade,[9] o que equivale a

---

[9] Cabe o esclarecimento de que as religiões afro-brasileiras são partícipes do método da tradição oral, porém, conforme afirma Ong (1998), trata-se de uma oralidade secundária, já que há complementarmente o contato com a escrita (em forma da literatura produzida pelas próprias lideranças religiosas e também pelo discurso acadêmico, principalmente por meio das etnografias de terreiros).

dizer que não há um livro sagrado em que os códigos e normas de conduta religiosas estejam escritos. Não há, igualmente, um patriarca ou um messias que tenha deixado um legado estruturado da religião. Ao contrário, as religiões afro-brasileiras são baseadas na tradição oral em que os conhecimentos são transmitidos via vivência, observação e experiência. As crianças que se encontram inseridas dentro desse contexto religioso terão, por consequência, duas "autoridades" a seguir e a respeitar: a primeira, a de sua mãe e pai consanguíneos (ou outros familiares responsáveis) no interior de sua casa, e a segunda, a de sua mãe/pai de santo, no interior de sua casa de santo.

Novamente, retornamos ao aspecto central sobre a inter--relação entre esses dois universos: o familiar e o religioso. A família é o lugar onde as crianças constroem sua socialização primária, ajustam suas personalidades e criam uma imagem do mundo exterior. A família é uma instituição muito importante e possibilita que as crianças ordenem e deem sentido às suas experiências por meio da linguagem, dos gestuais e dos símbolos comungados; "é o filtro através do qual se começa a ver e a significar o mundo [...] 'crescer', assim, desvincula-se do mero processo biológico, e constitui-se, também, em um processo simbólico" (Sarti, 2004, p. 17). O que ocorre com as crianças que se inserem no universo afro-brasileiro é que a família consanguínea é apenas um dos seus referenciais, pois, quando elas participam ativamente dos rituais, a família de santo passa a ser o norte de suas relações sociais. Ao transitar para o microcosmo do terreiro, as crianças continuam a ter respeito pelos pais consanguíneos, entretanto, dentro dessa organização social, crianças e pais passam a ser irmãos de santo.

As crianças adeptas da crença afro-brasileira iniciam sua vida religiosa incentivadas por seus pais, os quais, já vinculados ao processo iniciático, conduzem seus filhos para comungar da mesma educação religiosa. Cabe pontuar que não há nas religiões afro-brasileiras uma forma de catecismo, em que as crianças aprendem os pilares de sua religião a partir de um referencial escrito e passivamente. Há uma epistemologia própria de conhecer e que difere de modelos epistemológicos dominantes (Ferreira e Caputo, 2012). Não se trata, portanto, de uma educação formal; ao contrário, ela se dá única e exclusivamente por meio da vivência, permitindo que as crianças assimilem e adquiram maneiras de agir, o que Mauss (2003) convencionou como a natureza social do *"habitus"*. É a constância da experiência religiosa que formula culturalmente um quadro de crenças e fazeres, lembrando que o *habitus* é adquirido nos dois "espaços", no interior dos terreiros e em suas casas, estas como extensões daquelas.

Outro aspecto essencial para a educação das crianças que comungam da crença afro-brasileira, relacionado ao anterior, é a relação de respeito que se estabelece com o universo religioso inserido e com a figura de autoridade, aquele(a) que representa a transmissão da tradição, o que foi conceituado como seniori-dade: "O sênior é o ser humano que viveu, adquiriu experiência e pode vir a ocupar papéis importantes de mediação entre a comunidade e a Tradição, sem deixar de reconhecer seu papel central e determinante na sociedade-terreiro em questão" (Carneiro e Rivas, 2012, p. 615). As crianças são educadas já com essa referência, sabendo que devem respeito não apenas à mãe/pai de santo, mas a todos os seus "mais velhos", pessoas que, assim como elas, estão dentro daquele contexto e que já passaram e vivenciaram diferentes etapas da iniciação.[10]

Qualquer um de nós que queira visitar terreiros afro-brasilei-ros, com toda certeza, encontrará crianças percorrendo, correndo, brincando, cantando e dançando em seus espaços. Além disso, auxiliam na dinâmica interna, pois possuem, inclusive, cargos. Muitos meninos a partir dos 7 anos já fazem parte da orques-

---

[10] Segundo Rivas (2002), a iniciação é um processo de resgate e união do indivíduo com sua essência espiritual e extrapola o limite religioso. A iniciação atua em vários aspectos e visa estabelecer a interdependência do indivíduo com ele mesmo, com a natureza, com a humanidade e com o Sagrado.

tra sagrada, atuando como ogãns.[11] As meninas, por sua vez, podem auxiliar no arranjo das festas rituais, com decoração e comidas. A relevância disso é que a criança encontra-se inserida e sente-se feliz, pois tem suas responsabilidades assim como os mais velhos, e essa aproximação possibilita que o aprendizado se dê por meio da observação da conduta ética e dos labores relacionado às diversas funções. O desenrolar desse processo iniciático se dá naturalmente, com o passar dos anos, com a observação constante, o olhar atento e dedicação. Há também muitas crianças que na faixa de 5 a 7 anos já passaram por vários rituais de iniciação, o que significa dizer que

> No terreiro, a "idade iniciática" e/ou o cargo que possui o iniciado é muito importante. Ou seja, o tempo que a pessoa tem de santo é mais importante que a idade civil e inverte a lógica adultocêntrica da sociedade, de forma geral, e das escolas mais particularmente. Não significa dizer que os mais velhos não são importantes, pelo contrário, mas significa compreender que crianças e jovens são tão respeitados quanto em seu tempo--cargo de santo (Ferreira e Caputo, 2012, p. 418).

O respeito é estabelecido de duas formas nas famílias de santo. A primeira delas seguindo uma perspectiva verticalizada, na relação entre filhos(as) e mãe/pai de santo. A segunda, trata-se de uma perspectiva horizontalizada, na relação entre os próprios filhos(as) de santo. As duas têm como prerrogativa a noção de uma família de santo que está comungando dos mesmos valores culturais-religiosos, os quais visam, acima de tudo, reunir os adeptos com sua espiritualidade.

Essa espiritualidade, porém, se manifesta para os afro-brasileiros por meio dos transes, momentos em que o vínculo entre a realidade natural e a realidade sobrenatural é estabelecido, e também por meio da natureza física que é possuidora de axé. A

---

[11] Ogãns são os responsáveis por tocar os atabaques e/ou outros instrumentos nos rituais.

cosmovisão afro-brasileira está, portanto, intimamente ligada à ideia de um contínuo resgate do indivíduo com algumas esferas (Rivas Neto, 2002):

- o indivíduo com ele mesmo: entendendo seus limites, capacidades e meios de ligação com o sobrenatural;

- o indivíduo com a humanidade: a interdependência entre os membros da família consanguínea, família de santo e entre a sociedade em geral.

- o indivíduo com a natureza física: no seio das religiões afro-brasileiras, a natureza constitui um elemento intrínseco para a manutenção da vida, seja ela material, seja espiritual.

- o indivíduo com a natureza espiritual: o Sagrado, as divindades cultuadas.

A educação religiosa afro-brasileira está, assim, assentada nesse processo de reunião, o qual não é escalonado ou evolutivo (primeiro uma etapa, depois a outra). Essas reuniões estão engendradas em uma teia de interdependência que só o processo iniciático no interior de uma família de santo poderá acelerar. É impossível pensar em educação religiosa afro-brasileira sem pontuar os quatro aspectos citados acima. A criança cresce e se forma, portanto, tendo esses processos de reunião como direcionadores de sua vida. Diferentemente de outras tradições, o aprendizado religioso não é transmitido por meio de escrituras. As religiões afro-brasileiras optaram pela oralidade, não por falta de conhecimento ou técnica, mas por ser um método diacrônico e caminhante (Debray, 2000), o mais apropriado para a continuidade e reatualização constante de suas tradições.

Referências bibliográficas

ALBUQUERQUE, Wlamyra de; FRAGA, Walter. *Uma história do negro no Brasil*. Salvador: Centro de Estudos Afro-orientais, 2006.

BASTIDE, Roger. *As religiões africanas no Brasil*. São Paulo: Edusp, 1971.

BERGER, Peter. *O dossel sagrado*: elementos para uma teoria sociológica da religião. São Paulo: Paulinas, 1985.

BOURDIEU, Pierre. *O poder simbólico*. Rio de Janeiro: Bertrand Brasil, 2010.

CARNEIRO, J. L.; RIVAS, M. E. Teologia de tradição oral: uma questão para as religiões afro-brasileiras. *Revista Pistis Prax.*, Teol. Pastor., Curitiba, v. 4, n. 2, p. 609-624, 2012.

COSTA LIMA, Vivaldo da. *A família de santo nos candomblés jeje-nagôs da Bahia*: um estudo de relações intragrupais. Salvador: Corrupio, 2003.

DEBRAY, Regys. *Transmitir: o segredo e a força das ideias*. Petrópolis, RJ: Vozes, 2000.

FERREIRA, Marta; CAPUTO, Stella Guedes. Aprender em terreiros de candomblé. In: OLIVEIRA, Kathlen Luana de et al. (Org.). *Religião, política, poder e cultura na América Latina*. São Leopoldo: EST. p. 415-426.

GEERTZ, Clifford. *A interpretação das culturas*. Rio de Janeiro: LTC, 2008.

HALL, Stuart. *A identidade cultura na pós-modernidade*. Rio de Janeiro: DP&A, 2011.

LATOUR, Bruno. *Reflexão sobre o culto moderno dos deuses fe(i)tiches*. Trad. Sandra Moreira. Bauru, SP: EDUSC, 2002.

LÉVI-STRAUSS, Claude. *Antropologia estrutural*. São Paulo: Cosacnaify, 2008.

MACHADO, Maria das Dores Campos. *Carismáticos e Pentecostais: adesão religiosa na esfera familiar*. Campinas, SP: Autores Associados; São Paulo, SP: ANPOCS, 1996.

ONG, Walter. *Oralidade e cultura escrita*: a tecnologização da palavra. Campinas: Papirus,1998. [Original inglês: 1982].

PRANDI, Reginaldo. *Ifá, o adivinho*: histórias dos deuses africanos que vieram para o Brasil com os escravos. São Paulo: Companhia das Letrinhas, 2002.

_____. *Os candomblés de São Paulo*: a velha magia na metrópole nova. São Paulo: Editora HUCITEC/Editora da Universidade de São Paulo, 1991.

RABELO, Miriam. Entre a casa e a roça: trajetórias de socialização no candomblé de habitantes de bairros populares de Salvador. *Relig. Soc.*, v. 28, n. 1, pp. 176-205.

RIVAS, Maria Elise. *O Mestre iluminando consciências*. São Paulo: Ícone, 2002. (Coleção Teologia Umbandista).

RIVAS NETO, Francisco. *Escolas das religiões afro-brasileiras*: tradição oral e diversidade. São Paulo: Arché Editora, 2012.

_____. *Umbanda: a protossíntese cósmica*. São Paulo: Pensamento, 2002.

SANTOS, Ana Katia Alves dos. *Infância afrodescendente*: epistemologia crítica no ensino fundamental. Salvador: Editora EDUFBA, 2006.

SARTI, Cynthia. A família como ordem simbólica. *Psicologia USP*, São Paulo, v. 15, n. 3, p. 11-28, 2004.

SODRÉ, Muniz. *Claros e escuros: identidade, povo e mídia no Brasil*. Petrópolis: Vozes, 1999.

TERRIN, Aldo Natale. *O rito: antropologia e fenomenologia da ritualidade*. São Paulo: Paulus, 2004.

TURNER, Victor. *The ritual process*. London: Cornell Press, 1969.

WEBER, F. Settings, interactions and things: a plea for multi-integrative ethnography. *Ethnography*, v. 2, n. 4, p. 475-499, 2001.

O Bem Viver e a cosmologia indígena

*Cledes Markus**

Introdução

O Bem Viver é uma concepção que apresenta princípios e valores básicos que milenarmente sustentam as culturas indígenas no continente latino-americano. Refere-se a um modelo de relações de equilíbrio e reciprocidade entre todas as formas de vida existentes na natureza, concebendo-as todas como sujeitos.

O Bem Viver é a concretização do ideal do equilíbrio cósmico, comunitário e pessoal. O valor da vida é o maior dom e é buscado não somente para as pessoas, mas também para as plantas, para os animais e para a Terra. O intercâmbio e a reciprocidade entre as diferentes formas de vida que se expressa na comunhão é outro valor fundamental enfatizado no Bem Viver.

O Bem Viver abrange valores, condutas éticas e princípios espirituais como o senso comunitário, a interdependência entre as formas de vida, o valor do serviço e a colaboração com Deus.

Essa concepção apoia-se na cosmovisão indígena. Fundamenta-se nos mitos e nas tradições religiosas ancestrais que

---

* Mestre em Educação pela Fundação Universidade Regional de Blumenau (FURB), Santa Catarina. Docente de Faculdades EST/RS e Coordenadora do Projeto de Formação do COMIN/RS. E-mail: cledes@est.edu.br.

continuam a iluminar a existência desses povos. Sua abordagem parte da experiência milenar dos indígenas que os guiou no passado para o desenvolvimento de mecanismos concretos de organização social e espiritualidades que alcançaram níveis humanitários e civilizacionais muito elevados e que segue nutrindo a história dos povos.

Essa concepção foi divulgada primeiramente pelos indígenas andinos como um valor e modelo ancestral e milenar de vida e sociedade. Sumak Kawsay (Aymara), Suma Qamaña (Quechua) – o Bem Viver – não é apenas uma utopia, é a reconstrução do equilíbrio e da reciprocidade entre a Pacha Mama – Mãe-Terra, os seres humanos e todas as formas de vida.

Essa concepção aflorou em toda a América Latina (chamada pelos indígenas de *Abya Yala*) como uma proposição de projeto de futuro. Alguns países, como Bolívia e Equador, incorporaram valores do Bem Viver em suas constituições federais. No Brasil, essa concepção está sendo revisitada por diversos povos que veem nela uma possibilidade diante do modelo neoliberal.

O Bem Viver é um horizonte em construção, um conceito que se constitui fundamentalmente ancorado na espiritualidade e cosmologia indígenas.

Assim, para entender a concepção do Bem Viver como parte das espiritualidades, teologias e tradições culturais e religiosas indígenas é necessário entender a cosmovisão desses povos.

Aportes sobre as cosmologias indígenas

As tradições culturais e religiosas indígenas expressam um conhecimento construído, transmitido e vivenciado na relação com as pessoas, com o universo e com o transcendente. É sabedoria que expressa a maneira própria de ser e estar no mundo. Expressam suas cosmovisões que são explicitadas através de narrativas míticas, representadas nos ritos e interpretadas por pessoas especializadas e inspiradas por Deus. Essas cosmovisões estão presentes e operantes no cotidiano e em todos os aspectos da vida desses povos.

Assim, a concepção indígena do Bem Viver está intimamente relacionada com as cosmovisões e as cosmologias, ou seja, com sua forma global de perceber, interpretar e agir neste mundo. Assim, um indispensável passo para se aproximar e entender o significado e sentido do Bem Viver para esses povos é perceber sua forma de entender o mundo, a maneira de explicar os acontecimentos, de organizar as relações e de orientar suas ações.

Visão integrada do universo

Na cosmologia indígena prevalece a visão integrada do universo que forma um todo, envolvido numa rede de relações e interações entre todos os seres e forças que o compõem. Os seres humanos, as espécies minerais, animais e vegetais, os ancestrais, as divindades, as forças e energias, tudo está conectado formando uma comunidade e uma complementaridade.

Essa interação entre os diversos habitantes do cosmos é apresentada em relatos dos próprios indígenas. A fala a seguir é parte integrante da carta do Cacique Seattle, líder indígena do povo Suquamish, ao Presidente dos Estados Unidos em 1855: "Somos parte da terra e ela é parte de nós. As flores perfumadas são nossas irmãs; o cervo, o cavalo, a grande águia – são nossos irmãos... Todas as coisas estão interligadas, como o sangue que une uma família".[1]

Na ótica exposta por Seattle, não há a dissociação entre natureza e cultura. Todos os seres estão no mesmo nível na natureza e, com ela, compartilham a mesma condição, inclusive a possibilidade de comunicação com Deus. Desse entendimento compartilham os Guarani, quando o *Karaí* (Pajé) Dário explica:

---

[1] FONAPER. *Capacitação para um novo milênio*: Ensino Religioso e o fenômeno religioso nas tradições religiosas de matriz indígena. Caderno 5. [s.d.], p. 24.

"Cada bichinho tem um segredo, tem uma história... também as plantas e as frutas têm segredo e têm história. Cada um tem sabedoria e entra em contato espiritual com Deus".[2]

Nessa mesma perspectiva, o povo Kaingang afirma que não somente as pessoas têm diferentes línguas, mas toda a natureza tem diversas linguagens: a dos animais, das plantas, do vento, das águas. Por isso é importante escutar e aprender com essas diferentes formas de comunicação. A educadora Rosalina Kasu Fey, da Terra Indígena Por Fi Ga, relata: "A coruja é um pássaro que os Kaingang conhecem como uma ave amiga. Nós sabemos interpretar a linguagem dela. Nós conhecemos a linguagem de todos os pássaros. Quando está para acontecer algo, a coruja vem dar o aviso. Só temos que saber se é coisa boa ou ruim que vai acontecer. Quando ela vem dar um aviso, o nosso Kujá fala: Meus filhos, vocês devem estar atentos e ter mais cuidados".[3]

Essa rede de relações e interações entre os habitantes do cosmos, portanto, tem um aspecto eminentemente social. Viveiros de Castro menciona: "Se pudéssemos caracterizar em poucas palavras uma atitude básica das culturas indígenas, diríamos que as relações entre uma sociedade e os componentes de seu ambiente são pensadas e vividas como relações sociais, isto é, relações entre pessoas".[4]

Segundo esse autor, o saber indígena está fundamentado em uma teoria associada à imagem de um universo comandado pelas categorias da agência e da intencionalidade, isto é, todos os componentes do cosmos têm voz ativa, são sujeitos e agentes. Nesse sentido, a natureza não é "natural", isto é, passiva,

---

[2] MENEZES, Ana Luisa Teixeira de. *Educação Ameríndia*: a dança e a escola Guarani. Santa Cruz do Sul: EDUNISC, 2009. p. 49.

[3] CADERNO DA SEMANA DOS POVOS INDÍGENAS 2012. *Povo Kaingang*: vida e sabedoria. São Leopoldo: Oikos Editora, IECLB, COMIN, ISAEC, 2012. p. 9.

[4] CASTRO, Eduardo Viveiros de. *A natureza em pessoa*: sobre outras práticas de conhecimento. Palestra do Encontro "Visões do Rio Babel. Conversas sobre o futuro da bacia do Rio Negro". Instituto Socioambiental e a Fundação Vitória Amazônica: Manaus, 22 a 25 de maio de 2007. p. 7.

objetiva, neutra e muda – os humanos não têm o monopólio da posição de agente e sujeito, não são o único foco da voz ativa no discurso cosmológico.[5]

A espécie humana, portanto, não é um caso à parte dentro da "criação", pois todas as espécies de seres são dotadas e constituídas com sabedoria, racionalidade, emoções e espiritualidade. Dessa forma, no pensamento das sociedades indígenas existe a equivalência entre as pessoas humanas e os demais seres do universo. Também existe a possibilidade de comunicação entre os diversos seres e forças do cosmos.

Segundo o teólogo Leonardo Boff, essa visão engloba interação e comunhão:

> Pelo cuidado não vemos a natureza e tudo que nela existe como objetos. A relação não é sujeito-objeto, mas sujeito-sujeito. Experimentamos os seres como sujeitos, como valores, como símbolos que remetem a uma Realidade fontal. A natureza não é muda. Fala e evoca. Emite mensagens de grandeza, beleza, perplexidade e força. O ser humano pode escutar e interpretar esses sinais. Coloca-se ao pé das coisas, junto delas e a elas sente-se unido. Não existe, coexiste com todos os outros. A relação não é de domínio sobre, mas de con-vivên-cia. Não é pura intervenção, mas inter-ação e comunhão.[6]

Essa visão contrasta com a concepção projetada pela sociedade ocidental, em que um dos traços mais característicos é a separação radical entre humanidade e natureza. O ser humano é extrínseco ao resto da natureza. O que o distingue é ele não ser natureza. Ele é considerado como o único sujeito com voz ativa, agência, intencionalidade e racionalidade, consequentemente o único produtor de cultura. Devido a isto, concede-se o direito

---

[5] CASTRO, 2007, p. 7.

[6] BOFF, Leonardo. *Saber cuidar*: ética do humano. Petrópolis: Vozes, 1999, p. 95

de intervir sobre a natureza para transformá-la e se tornar o senhor e dominador sobre ela.

As consequências dessa cosmovisão ocidental ficam evidentes no sentido de oposição e dominação para com a natureza, em vista de todas as formas de sua exploração. Essa dominação se estende para além e atinge também os outros seres humanos. O resultado desastroso dessa prática foi lamentado pelos líderes e professores Kaiowá referentes à sua experiência no Mato Grosso do Sul, em carta de 17 de março de 2007: "O fogo da morte passou no corpo da terra, secando suas veias. O ardume do fogo torra sua pele. A mata chora e depois morre. O veneno intoxica. O lixo sufoca. A pisada do boi magoa o solo. O trator revira a terra. Fora de nossas terras, ouvimos seu choro e sua morte sem termos como socorrer a Vida".[7]

Lideranças Guarani do Rio Grande do Sul também alertam: "Aquele que zela pelo leito das seivas também está falando que dessa forma já não é mais possível prosseguir, tudo já está se extinguindo".[8]

Os povos indígenas ressaltam para a sabedoria existente em cada vida e alertam para a necessidade de ouvir essas diversas vozes em seu clamor. Vemos isso nas palavras de cacique Félix Karaí Guarani: "Entretanto, quase ninguém se apercebe de que é necessário render respeito também às matas, às árvores... As árvores, que são seres dotados de alma, estão nos alertando, através de seus murmúrios de tristeza, de que não devem continuar sendo cortadas. Consequentemente já não produzem mais frutos perfeitos, já não mais florescem formosamente".[9]

Essa fala indígena permite entrever outra concepção fundamental sobre a relação entre humanos e natureza. A terra é

---

[7] FREIRE, José Ribamar Bessa. *Corta essa de suicídio*. Disponível em: <http://www.taquiprati.com.br/cronica.php?ident=1004>.

[8] GARLET, Ivori José (Coord.) *Discussões sobre a situação de saúde dos Mbyá-Guarani no Rio Grande do Sul*. São Leopoldo: COMIN, 1998. p. 8.

[9] Ibid., p. 8.

um ser vivo. Tem alma, corpo, veias, respira, chora. A partir dessa concepção fundamental, a noção de propriedade se inverte: não são os humanos donos da terra, mas a terra é dona dos humanos. Alexandre Acosta, da aldeia de Cantagalo (RS), entre outras coisas, falou: "Esta terra que pisamos é um ser vivo, é gente, é nosso irmão. Tem corpo, tem veias, tem sangue. É por isso que o Guarani respeita a terra, que é também um Guarani. O Guarani não polui a água, pois o rio é o sangue de um Karai. Esta terra tem vida, só que muita gente não percebe. É uma pessoa, tem alma. Quando um Guarani entra na mata e precisa cortar uma árvore, ele conversa com ela, pede licença, pois sabe que se trata de um ser vivo, de uma pessoa, que é nosso parente e está acima de nós".[10]

Na mesma carta, Alexandre fala da relação que se estabelece entre a terra e o povo Guarani Kaiowá: "O criador do mundo criou o povo Guarani para ter alguém que admirasse todo o esplendor da natureza. O nosso povo foi destinado em sua origem como humanidade a viver, usufruir e cuidar deste lugar, de modo recíproco e mútuo. Por isso, nós somos a flor da terra, como falamos em nossa língua: Yvy Poty".[11]

Essa fala indígena permite entrever uma outra concepção fundamental sobre a relação entre humanos e natureza. O modo recíproco e mútuo de se relacionar. Vejamos mais essa concepção que faz parte das cosmologias indígenas.

Relações de reciprocidade e a ética do cuidado

As relações e interações que os indígenas estabelecem entre si e os habitantes e os componentes do universo são pensadas e vividas como relações sociais, isto é, relações entre

---

[10] FREIRE, José Ribamar Bessa. *Corta essa de suicídio*. Disponível em: <http://www.taquiprati.com.br/cronica.php?ident=1004>.

[11] FREIRE, José Ribamar Bessa. *Corta essa de suicídio*. Disponível em: <http://www.taquiprati.com.br/cronica.php?ident=1004>.

pessoas. Observa-se que a categoria que comanda essas relações é a reciprocidade, isto é, a comunicação entre sujeitos que se interconstituem no e pelo ato social da troca.[12]

A reciprocidade é, portanto, um princípio fundamental na cosmovisão e na ética indígenas. Ela aponta para a inter-relação e interdependência entre todos os sujeitos do universo. Ela propicia e fundamenta intercâmbios, comunicação, compromissos e cuidados mútuos, solidariedade e cooperação entre os diversos habitantes.

Devido a essa profunda ligação, a integração e o amparo são normas que regem todos os relacionamentos e atividades. Bom é tudo o que é proposto para integrar e amparar os habitantes na grande comunidade. Por isso, as normas de vida são baseadas nesses valores: a comunidade se sobrepõe ao individual; as famílias se auxiliam mutuamente; crianças órfãs, viúvas e viúvos são amparados; a liderança é alguém que está a serviço das pessoas na comunidade; os trabalhos são realizados em mutirão; não há o consumo individual dos bens ou alimentos, por exemplo, quando uma família faz a coleta de mel e frutas, não apenas os da casa, mas todos os parentes e vizinhos próximos vêm participar do banquete. O professor Xokleng Nanblá relata: "quando as famílias vão caçar, coletar mel ou fazer uma compra, sempre trazem algo a mais para poder distribuir para alguma família que venha precisar ou solicitar".[13]

Um dos colegas do COMIN, que trabalhou por vários anos em Eirunepé/AM, escreve: "Os Kulina que vivem conforme a sua tradição não deixam ninguém passar fome, mas sempre dividem com os outros o que têm; dividem comida e dividem também as suas ferramentas, canoas ou motores".[14]

---

[12] Castro, 2007, p. 7.

[13] MARKUS, Cledes. *Identidade étnica e educação escolar indígena*. 2006. Dissertação (Mestrado em Educação). Universidade Regional de Blumenau – FURB, Blumenau, 2006. p. 49.

[14] TISS, Frank. Diálogo inter-religioso e autoconsciência étnica entre os Kulina. Um só Deus criador: diálogo intercultural e inter-religioso com povos indígenas. *Cadernos do COMIN*, São Leopoldo: Faculdades EST/Oikos Editora/COMIN, v. 11, p. 18, 2012.

Esse princípio da troca e intercâmbio não está presente somente nas relações entre as pessoas, mas se estende para todos os habitantes do Universo. Um exemplo concreto dessa intercomunicabilidade com base na reciprocidade é relatado pelo Povo Xokleng, que vive no Alto Vale do Itajaí, SC.

Esse povo concebe sabedoria e possibilidade de intercâmbio com todos os habitantes do universo. Eles contam que alguns elementos curativos de sua medicina tradicional aprenderam com os animais. O poder curador de uma planta muito importante foi adquirido quando as pessoas observavam os macacos que, quando se machucavam, a mãe macaca ia buscar a folha de determinada árvore e colocava-a no machucado e ao mesmo tempo abraçava o filhote fazendo-lhe carinho. Assim, quando uma criança Xokleng se machuca, seguem as instruções das mães macacas: aplicam a folha daquela árvore no machucado e fazem carinho na criança, o que lhe favorece a cura. Esse povo testemunha que também aprende na comunicação e intercâmbio com outros elementos do cosmos.

Para entender essa profunda interdependência e solidariedade existente entre os indígenas, seres e forças do cosmos, ancestrais e a divindade, tem-se a palavra guarani que ilustra essa relação: é o *Tekohá*. Este conceito abrange o espaço físico no qual uma comunidade indígena vive, do qual fazem parte terra, mato, roçado, águas, animais, plantas, remédios, habitações, casa de reza. Inclui também o modo de ser e o jeito de vida Guarani. O *Tekohá* também engloba a efetivação das relações sociais dos grupos familiares que vivem e se relacionam nesse espaço físico, como também inclui a divindade, as redes de convivência e reciprocidade com todos os seres e forças desse território, incluindo os espirituais.[15]

---

[15] ALMEIDA, R. F. T de; MURA, F. Povos indígenas do Brasil: Guarani, Kaiowa e Nãndeva. São Paulo: ISA, 2003.

Esse princípio da reciprocidade insere em si a ética da solidariedade e do cuidado: cuidado com a harmonia das relações sociais, o cuidado com o fluxo e equilíbrio das trocas que circulam entre as pessoas, o cuidado com o universo e a natureza. Desses cuidados fazem parte a cura, as orientações, os conselhos, as boas palavras, o reflorestamento, as orações, as intercessões.

Para as sociedades indígenas, portanto, a reciprocidade é um intercâmbio, um diálogo social e religioso, mediante o qual o que mais circula é o prestígio de quem sabe dar e a alegria de quem sabe receber segundo o modelo dos Primeiros Pais e das Primeiras Mães. O intercâmbio é mais importante que os próprios bens, pois se criam entre os indivíduos e os grupos laços sociais e espirituais que estabelecem e organizam entre eles um sistema de relações de complementaridade. Há uma diversidade de mitos em cada povo indígena que aborda a temática da reciprocidade, mostrando a importância que essa dimensão tem na vida dessas populações.

Um mito Xokleng ilustra bem essas relações de reciprocidade e complementaridade:

> Quando Deus estava criando o mundo, na hora de fazer a onça, pediu auxílio para os Xokleng. Deus pediu que eles pintassem a onça. Assim, um grupo começou a fazer círculos na onça, outro fez círculos fechados, outro fez traços e os outros restantes fizeram os três símbolos ao mesmo tempo. Desde aquele dia Deus disse que as marcas da onça seriam as marcas do povo Xokleng. Cada grupo ficaria com o símbolo que havia pintado na onça. Nas festas o povo deveria se pintar com o seu símbolo. Os casamentos seriam entre pessoas com marcas diferentes.[16]

---

[16] CADERNO DA SEMANA DOS POVOS INDÍGENAS 2005. Laklanõ Xokleng: o povo do sol em tempos de resistência. São Leopoldo: Con-texto, 2005. p. 22.

Nesse mito, Deus não realiza sua obra criativa na solidão, mas na interação com os diversos habitantes. Interage com os Xokleng na pintura da onça, ao mesmo tempo propiciando interação e reciprocidade entre animais e humanos. Os Xokleng pintam na onça as marcas que serão significativas para esse povo em sua organização social e em suas festas e rituais.

Entre o povo Kaingang, a reciprocidade também é um referencial da cultura. Segundo Bruno Ferreira, historiador Kaingang:

> A reciprocidade é uma das características mais importantes dos Kaingang. Não se trata de uma simples atitude moral, mas sim de um princípio regulador da vida comunitária. A economia de reciprocidade engloba elementos culturais, sociais e políticos, está presente na grande maioria dos gestos cotidianos, perpassando desde as formas de produção ao consumo e socialização dos bens. Entre os Kaingang, a vivência da reciprocidade está diretamente ligada às metades clânicas. A cooperação e as práticas econômicas e rituais conjuntas marcam a relação entre os clãs.

> Aquilo que, na cultura ocidental, é considerado ajuda mútua ou solidariedade, na sociedade Kaingang é uma regra social imperativa, não uma escolha do indivíduo. Isso implica a impossibilidade – não desestruturação – de acumulação de bens e recursos por uns em prejuízo dos outros. Não há como gerar-se uma desigualdade a ponto de distinguir ricos e pobres.[17]

O conceito de *manako* do Povo Kulina também traduz o significado de reciprocidade. O texto de Frank Tiss afirma:

> *Manako* significa um princípio de vida que sempre procura um equilíbrio entre o receber e o dar, entre o ter e o não ter, entre o fazer e o não fazer etc., sendo que esses movimentos de

---

[17] FERREIRA, Bruno. *Concepção*. Disponível em: <http://www.comin.org.br/news/publicacoes/1330545172.pdf>. Acesso em: 21.06.12.

ir e vir nunca param. Quem, por exemplo, é solicitado a fazer alguma coisa dentro do normal, praticamente não pode negar. Ser chamado de avarento é uma grande vergonha. E a pessoa a quem algo é oferecido deve aceitá-lo, para não arriscar ofender a pessoa que oferece. Porém, ao aceitar a dádiva, já se confirma que, em algum momento futuro, irá se retribuir com algo. O acúmulo de bens muito além daquilo que se precisa para si também é considerado uma forma de avareza. Por isso prestígio não tem quem possui muito, mas quem dá muito.

Esse princípio do *manako* vai muito além da troca e da partilha de bens materiais. Toda a vida é regulamentada por ele, inclusive as questões de direito, religião e moral. Quando crianças brincam de "pega-pega", com certeza, depois de um tempo, uma delas vai gritar *manako*, e, no mesmo momento, os perseguidos tornam-se os perseguidores, e vice-versa. A escolha do cônjugue, a convivência de homem e mulher, a divisão de tarefas na comunidade, até uma reunião são determinadas pelo *manako*: todos os que participam ouvindo deveriam, no decorrer de uma discussão, também falar. *Manako* acontece entre pessoas, famílias e grupos. Esse dar, receber e retribuir gera uma forte rede social, que ajuda a manter a união e o equilíbrio entre as partes.[18]

A vida e o modo de viver são sagrados

Outro aspecto importante da cosmologia indígena é que toda criação, todos os seres, todas as forças, todo o tempo e todas as atividades estão impregnados de e refletem um caráter sagrado. As narrativas indígenas mostram isso. Seguem-se as palavras do cacique Seattle: "Cada torrão desta terra é sagrado para meu povo. Cada folha reluzente de pinheiro, cada praia

---

[18] Cf. TISS, 2012, p. 28.

arenosa, cada véu de neblina na floresta escura, cada clareira e inseto a zumbir são sagrados nas tradições e na consciência do meu povo".[19]

Rosalina Kasu Fey, do povo Kaingang, relata: "A água para o povo Kaingang é sagrada e tem segredo. Ela tem muita importância para todos nós. Quando adoecemos, os nossos pais nos levam para o Kujá antes de amanhecer... Nós Kaingang, acreditamos que tudo o que é da natureza tem o seu espírito. Por isso, devemos respeitar cada ser da natureza, assim como a água".[20]

Além disso, todo o cotidiano das comunidades indígenas reflete o caráter sagrado. A experiência mais imediata e espontânea de sua realidade é concebida como sagrada: o nascimento, a morte, os acontecimentos diários e extraordinários da vida das pessoas e das comunidades são vistos e interpretados em relação com a divindade. A dimensão religiosa, portanto, representa parte constitutiva e está inter-relacionada com os demais aspectos de suas vidas e suas culturas. Como afirma Bartolomeu Melià, teólogo e estudioso de alguns povos, a vida do indígena está impregnada de religiosidade.[21]

O jeito de viver, as relações entre as pessoas e com a natureza, a forma de acompanhar crianças, jovens e adultos em sua vida, as respostas diante da vida são sempre orientadas por Deus. Importante é que esse modo de ser é considerado norma sagrada para sua conduta, que foi revelada e instituída por Deus e, como tal, precisa ser seguida. O *Karaí* (pajé) Guarani, Felix Karaí, afirma: "A forma como devemos agir, como devemos proceder, foi estabelecida por nosso Deus; para cumprir com

---

[19] FONAPER, Caderno 5 [s.d.], p. 24.

[20] CADERNO DA SEMANA DOS POVOS INDÍGENAS 2012, p. 10.

[21] FLORES, 2003, p. 14.

isso, as gerações atuais devem se esforçar para que o legado de nosso Deus não se perca completamente".[22]

Na cosmologia indígena, portanto, não há separação entre profano e sagrado. O líder Alexandre afirma que, para os Guarani, todos os dias e todos os lugares são sagrados, mesmo que haja tempos e espaços especiais que se sobressaem no cotidiano da vida. Ele afirma: "Para nós, Guarani, tem dia e noite, para nós reverenciarmos *Nhanderú*".[23]

A concepção de terra na cosmovisão indígena

A partir da cosmologia indígena é possível perceber que para essas culturas a terra é um organismo vivo fazendo parte da rede de conexões existente no cosmos. A terra está dotada de agência e intencionalidade e participa das relações de reciprocidade que se estabelecem com os demais componentes desse cosmos e, como tal, é constituída com e como uma sabedoria e um ponto de vista singular. Nessa singularidade, ela é concebida como mãe.

A terra como mãe

Uma das concepções mais evidentes dos povos indígenas em relação à terra é a de mãe. Essa concepção está associada à característica da fecundidade e dos cuidados maternais. A terra é provedora da vida e de tudo o que é necessário para que a vida se mantenha. Os Quéchua chamam-na de *Pacha mamma*, isto é, "terra-mãe". Pedro Salles, liderança do povo Kaingang do Rio Grande do Sul, explica: "A terra para o Kaingang significa uma mãe. A terra é aquela que dá alimento e água, igual à mãe que oferece alimento de seu corpo para o seu filho, enquanto

---

[22] GARLET, Ivori José (Coord.). *Discussões sobre a situação de saúde dos Mbyá-Guarani no Rio Grande do Sul*. São Leopoldo: COMIN, 1998. p. 8.

[23] MENEZES, 2009, p. 50.

o branco pensa que a terra é um instrumento de riqueza. Por isso ele não reconhece seu irmão, seu semelhante e discrimina cada vez mais aquele mais fraco, que não tem condições de enfrentá-lo, de concorrer com ele...".[24]

Lúcio Flores, do Povo Terena: "A terra é importante e sagrada, nela dançamos e cantamos as nossas tradições. Nós amamos a terra porque é nossa mãe". A expressão "nós amamos a terra" pode indicar um tesouro precioso que está dentro dessa relação. Essa declaração de amor, que foi proferida num memorável encontro de espiritualidade indígena, em Cuiabá/MT, dá pistas para entender a profunda interdependência existente entre o índio e terra e vice-versa; terra aqui não é só solo, muito menos o símbolo de riqueza, o bem de elevado valor comercial, mas o espaço de vida, cheio de vidas e gerando vidas... A terra é a nossa mãe e deve ser tratada assim, com todo respeito. Para nós a terra não alimenta apenas o corpo, mas a fé, e é dela que somos impulsionados para a vida".[25]

Para o povo Xokleng a terra também é considerada como mãe. Professor Nanblá menciona que "Os Xokleng têm uma relação muito forte com a terra. É como uma ligação umbilical".[26] Na concepção desse povo, existe uma profunda interdependência entre o indígena e a terra, comparada a uma ligação umbilical, e por isso é referenciada como mãe. Ela cuida dos indígenas e dos seres de todas as espécies, alimenta-os e lhes dá a vida.

Os povos indígenas, portanto, a partir da concepção da terra como mãe, se consideram filhos e filhas da terra numa estreita ligação umbilical para com ela.

---

[24] CIMI. *Por uma terra sem males*: Semana dos Povos Indígenas 2002. Brasília: Sapiens Comunicação, 2002.

[25] FLORES, 2003, p. 14.

[26] MARKUS, 2006, p. 50.

A terra é sagrada

Um aspecto importante na cosmovisão indígena é a concepção da terra como sagrada. Essa visão tem a ver com a teologia indígena do Deus Criador de todos os seres e forças do cosmos, o que inclui a criação da própria terra. E pelo fato de ter sido obra divina, toda a criação está impregnada e reflete essa divindade. Consequentemente, tudo é sagrado, também a terra. No documento final do III Encuentro Latinoamericano de Teologia Índia em Cochabamba, Bolívia, em 1997, foi exposto pelos povos indígenas que: "Consideramos a criação como o Primeiro Livro de Deus, porque, antes de ter criado as pessoas humanas e antes de ter inspirado homens e mulheres a pensar seus textos sagrados, Ele quis gravar e refletir a vontade de seu coração e a sua Palavra em toda a criação".[27]

A terra como local para celebrar a vida

A maior parte dos rituais e das cerimônias dos povos indígenas acontece em contato direto com a terra. Isto demonstra a grande importância que ela tem para esses povos. Existe uma profunda conexão com a terra, de tal forma que é comparada a uma ligação umbilical. Por isso, a terra é mãe e considerada sagrada. O teólogo Lúcio Flores, do povo Terena, esclarece: "A terra é importante e sagrada, nela dançamos e cantamos as nossas tradições. Nós amamos a terra porque é nossa mãe".[28] Assim, a realização de rituais e cerimônias pode acontecer perto de cascatas, fontes, debaixo de árvores ou ainda em algum outro local específico em meio à natureza. Muitos rituais são realizados nos pátios das aldeias ou em construções destinadas especialmente para cerimônias. No caso do Povo Guarani é a *Opy*, que significa Casa de Reza. Nessa casa acontecem a reza, o conselho, a cura, o ensinamento.

---

[27] PIKART, Anelise; MARKUS, Cledes. Culturas e religiões indígenas: implicações para o Ensino Religioso. In: SEMINÁRIO CATARINENSE DE ENSINO RELIGIOSO 2., 2003, Florianópolis: Educação e transcendência. *Anais...* Blumenau: EDIFURB, 2003. p. 61-66.

[28] FLORES, 2003, p. 14.

Os saberes indígenas sobre o Bem Viver

Os povos indígenas da América reafirmam que a sua concepção e prática do Bem Viver pode contribuir para o bem de toda a humanidade e toda a terra. Assim, conclamam para a unidade continental em defesa da Mãe-Terra e implementação do Bem Viver em nível global. A seguir, um trecho da Declaração de Lima, de 20 de novembro de 2010:

> Os povos indígenas e comunidades somos portadores de sabedorias ancestrais que têm conseguido manter o planeta a salvo durante milhares de anos; nossos conhecimentos e práticas ancestrais de reciprocidade e complementaridade com a Mãe-Terra constituíram os valores que têm permitido uma vida em harmonia à qual hoje chamamos de Bem Viver-Viver Bem... Conclamamos à unidade continental e mundial dos povos indígenas e movimentos sociais a mobilizar-se em defesa da Mãe-Terra, pela construção de estados plurinacionais e implementação do Bem Viver em nível global, como alternativa para superar a crise climática, alimentar e econômica. Voltar ao equilíbrio com a Mãe-Terra para salvar a vida no planeta é nosso caminho.[29]

Assim, levantam-se cada vez mais vozes que estão de alguma maneira em sintonia com essa visão indígena. Vemos, por exemplo, as palavras do teólogo cristão Leonardo Boff:

> Em momentos críticos como os que vivemos, revisitamos a sabedoria ancestral dos povos e nos colocamos na escola de uns e outros. Todos nos fazemos aprendizes e aprendentes. Importa construir um novo *éthos* que permita uma nova convivência entre os humanos com os demais seres da comunidade biótica,

---

[29] DÁVALOS, Pablo. *Sumak Kawsay*: uma forma alternativa de resistência e mobilização. Entrevista disponível em: <http://www.ihuonline.unisinos.br/index.php?option=com_cont ent&view=article&id=3436&secao=340>.

planetária e cósmica; que propicie um novo encantamento face à majestade do universo e à complexidade das relações que sustentam todos e cada um dos seres.[30]

As cosmologias indígenas no contexto do Ensino Religioso

PRESSUPOSTOS TEÓRICOS E METODOLÓGICOS

Uma proposta de formação que considere a linguagem e a perspectiva indígena, bem como a da diversidade étnica, cultural e religiosa de toda sociedade brasileira, traz implicações teóricas e metodológicas importantes. Nessa direção, algumas considerações de caráter reflexivo serão anunciadas.

Ao enfatizar a diversidade étnica, cultural e religiosa no Ensino Religioso, considera-se necessariamente a perspectiva intercultural em que se privilegia a polifonia do processo. As diversas vozes são ouvidas. A variedade de cosmovisões e experiências históricas são consideradas. Assim, através dos conteúdos e das práticas pedagógicas, oportunizam-se o conhecimento, a reflexão e a valorização da multiplicidade de contextos sociais, culturais e religiosos existentes e a diversidade de cosmovisões e saberes que as etnias humanas constroem e sustentam ao longo da história.

Na abordagem intercultural, portanto, pode acontecer a superação das muitas formas de tendências etnocêntricas e monoculturais, a renúncia ao método e à postura hermenêutica reducionista. Dessa forma, proporciona reconhecimento dos diversos mundos, dos diversos conhecimentos e dos diversos aportes teóricos. A formação, nesse sentido, se torna espaço de diálogo dos saberes.

---

[30] Boff, 1999, p. 27.

A inclusão da dimensão da diversidade étnica, cultural e religiosa também remete para uma formação em direitos humanos, em que se priorizam os fundamentos éticos da alteridade e do reconhecimento do direito de poder ser diferente. A formação se apresenta como espaço para o exercício contínuo do reconhecimento da alteridade absoluta do outro, o que implica uma formação para o escutar da voz diferente que brota de uma cultura também diferente. Ao mesmo tempo, implica aprender a reconhecer os direitos fundamentais dos outros, sustentado em ideias e posturas de justiça e democracia.

A formação, portanto, se percebe como espaço aberto em que estudantes tenham a possibilidade de estabelecer diálogo e desenvolver uma atitude dialógica com as pessoas e as culturas. Esse diálogo possível é concebido e sustentado pela formação que inclui o aprender a conviver com as experiências da humanidade toda.

Considerações para o contexto escolar

O tema das Culturas e Tradições Religiosas se constitui como o núcleo central em torno do qual os Parâmetros Curriculares Nacionais estabelecem o desafio da construção de um currículo que responda às exigências legais para o Ensino Religioso: área de conhecimento em que esteja "assegurado o respeito à diversidade cultural e religiosa do Brasil, vedadas quaisquer formas de proselitismo", segundo o texto da nova redação do Artigo 33 da Lei de Diretrizes e Bases da Educação Nacional (Lei n. 9.394/1996), dada pela Lei n. 9.475/1997.

A constituição desse currículo, portanto, é um processo contínuo que envolve a superação de uma prática educacional com o viés da homogeneidade, para assumir uma perspectiva intercultural e inter-religiosa, numa atitude de abertura e respeito às diferentes culturas e tradições religiosas. Nesse processo, a escola precisa insistir no conhecimento das inúmeras formas possíveis de viver e ver o mundo, de organizar a sociedade, de construir significados, de estabelecer valores, filosofias e teologias; insistir nas maneiras diferenciadas de se relacionar consigo mesmo, com os outros, com a natureza e com a transcendência e nas inúmeras concepções do sagrado. A afirmação da existência de diferentes culturas e tradições religiosas é fundamental para abrir horizontes, ampliar o leque do reconhecimento da alteridade e a convivência com os povos, as culturas e as tradições religiosas.

A Declaração Universal sobre a Diversidade Cultural, assinada pela UNESCO (Organização das Nações Unidas para a Educação, a Ciência e a Cultura), em 2001, chama atenção para o fato de que o respeito à diversidade cultural é um imperativo ético indissociável do respeito à dignidade do ser humano. Culturas e tradições religiosas têm a ver com a vida integral da pessoa, o que traz implicações à dignidade da própria vida. Nesse sentido, o processo educacional precisa reconhecer, acolher e valorizar as experiências culturais e religiosas de cada estudante, pois elas têm a ver com a experiência profunda de estar sendo e de assumir-se como pessoa, como sujeito e como ser humano.

No processo de valorização e acolhimento das diferentes formas e vivências culturais e religiosas, o Ensino Religioso, em seu cotidiano escolar, deve ser percebido como um espaço aberto para a promoção de diálogo, comunicação e interação. O estudante deve ter a possibilidade de aprender a conhecer, respeitar, conviver e estabelecer uma atitude dialógica com as diferenças. Dessa forma, o Ensino Religioso se torna um espaço onde existe a possibilidade efetiva de manifestação das diferentes expressões, sem restrições impostas por preconceitos e proselitismos.

A diversidade de Culturas e Tradições Religiosas também se constitui em um dos Eixos Organizadores dos Conteúdos do Ensino Religioso, contido nos Parâmetros Curriculares Nacionais. Ao desenvolver esse tema, supõe-se que não se parta de "um critério epistemológico unívoco", mas de uma abordagem interdisciplinar e da perspectiva intercultural e inter-religiosa em que os diversos saberes e os aportes teóricos das diferentes tradições estejam representados no Currículo.

Dessa forma, a perspectiva e o diálogo intercultural e inter--religioso são possibilidades para a consideração e o respeito da diversidade e para a construção da paz, rechaçando toda e qualquer atitude de preconceito e discriminação. Nesse sentido, são trazidas as palavras esperançosas e desafiadoras de Dom Helder Camara: "Se eu pudesse, dava um globo terrestre a cada criança... Se possível, até um globo luminoso, na esperança de alargar ao máximo a visão infantil e de ir despertando interesse e amor por todos os Povos, todas as Raças, todas as Línguas, todas as Religiões!".[31]

Referências bibliográficas

ALMEIDA, R. F. T de; MURA, F. *Povos indígenas do Brasil*: Guarani, Kaiowa e Nãndeva. São Paulo: ISA, 2003.

ALTMANN, Lori. Diversidade religiosa na perspectiva indígena. In: KRONBAUER, Selenir Gonçalves; STRÖHER, Marga (Org.). *Educar para a convivência na diversidade*: desafio para a formação de professores. São Paulo: Paulinas, 2009. p. 59-77. Disponível em: <http://www.comin.org.br/news/publicacoes/123747187. doc>. Acesso em: 11 out. 2011.

BOFF, Leonardo. *Saber cuidar*: ética do humano. Petrópolis: Vozes, 1999.

BRASIL, Comitê Nacional de Educação em Direitos Humanos. Plano Nacional de Educação em Direitos Humanos. Brasília: Secretaria Especial dos Direitos Humanos, Ministério da Educação, Ministério da Justiça, UNESCO, 2007.

CADERNO DA SEMANA DOS POVOS INDÍGENAS 2005. *Laklanõ Xokleng*: o povo do sol em tempos de resistência. São Leopoldo: Con--texto/COMIN/ISAES, 2005. p. 22.

---

[31] CAMARA, Helder. *Mil razões para viver*: meditações do Padre José. Rio de Janeiro: Civilização Brasileira, 1978. p. 76.

CADERNO DA SEMANA DOS POVOS INDÍGENAS 2012. *Povo Kaingang*: vida e sabedoria. São Leopoldo : Oikos Editora/IECLB/COMIN/ ISAEC, 2012. p. 9.

CAMARA, Helder. *Mil razões para viver*: meditações do Padre José. Rio de Janeiro: Civilização Brasileira, 1978.

CASTRO, Eduardo Viveiros de. *A natureza em pessoa*: sobre outras práticas de conhecimento. Palestra do Encontro "Visões do Rio Babel. Conversas sobre o futuro da bacia do Rio Negro". Instituto Socioambiental e a Fundação Vitória Amazônica: Manaus, 22 a 25 de maio de 2007.

CIMI. *Por uma terra sem males*: Semana dos Povos Indígenas 2002. Brasília: Sapiens Comunicação, 2002.

DÁVALOS, Pablo. *Sumak Kawsay*: uma forma alternativa de resistência e mobilização. Entrevista disponível em: <http://www.ihuonline. unisinos.br/index.php?option=com_content&view=article&id=34 36&secao=340>.

FERREIRA, Bruno, *Concepção*. <http://www.comin.org.br/news/publi-cacoes/1330545172.pdf>. Acesso em: 21.06.12.

FLORES, Lúcio Paiva. *Adoradores do Sol*: reflexões sobre a religiosidade indígena. Petrópolis: Vozes, 2003.

FREIRE, José Ribamar Bessa. *Corta essa de suicídio*. Disponível em: <http://www.taquiprati.com.br/cronica.php?ident=1004>.

FONAPER. Parâmetros Curriculares Nacionais. *Ensino Religioso*. São Paulo: Mundo Mirim, 2009.

FONAPER. *Capacitação para um novo Milênio*: Ensino Religioso e o fe-nômeno religioso nas tradições religiosas de matriz indígena. (Caderno 5).

GARLET, Ivori José (Coord.). *Discussões sobre a situação de saúde dos Mbyá-Guarani no Rio Grande do Sul*. São Leopoldo: COMIN, 1998.

HAUBERT, Máxime. *Índios e jesuítas no tempo das Missões*. São Paulo: Companhia das Letras, 1990.

MARKUS, Cledes. Aspectos da tradição religiosa do povo Mbyá Gua-rani. In: BRANDENBURG, Laude Erandi et al. (Org.). *Fenômeno religioso e metodologias*: Simpósio de Ensino Religioso. São Leopoldo: Sinodal/EST, 2009. p. 145-151.

_____. *Culturas e religiões*: implicações para o Ensino Religioso. São Leopoldo: COMIN, 2002. (Cadernos do COMIN, 9).

_____. *Identidade étnica e educação escolar indígena*. 2006. Dissertação (Mestrado em Educação). Universidade Regional de Blumenau – FURB, Blumenau.

MARKUS, Cledes; OLIVEIRA, Lilian Blanck de. Diversidade cultural e religiosa no Brasil: entre desafios e perspectivas para uma formação docente. In: *Culturas e diversidade religiosa na América Latina*: pesquisas e perspectivas pedagógicas. Blumenau: Edifurb; São Leopoldo: Nova Harmonia, 2009. p. 249-270.

MENEZES, Ana Luisa Teixeira de. *Educação Ameríndia*: a dança e a escola Guarani. Santa Cruz do Sul: EDUNISC, 2009.

PIKART, Anelise; MARKUS, Cledes. Culturas e religiões indígenas: implicações para o Ensino Religioso. In: SEMINÁRIO CATARINENSE DE ENSINO RELIGIOSO 2., 2003, Florianópolis: Educação e transcendência. *Anais*... Blumenau: EDIFURB, 2003. p. 61-66.

TISS, Frank. Diálogo inter-religioso e autoconsciência étnica entre os Kulina. In: Cadernos do COMIN. *Um só Deus criador*: diálogo intercultural e inter-religioso com povos indígenas, São Leopoldo: Faculdades EST/Oikos Editora/COMIN, v. 11, p. 9-33, 2012.

ZWETSCH, Roberto. Perspectivas de diálogo entre fé indígena e fé cristã. In: SIDEKUM, Antônio (Org.). *História do imaginário religioso indígena*. São Leopoldo: UNISINOS, 1997.

Espiritualidade e espiritualidades no contexto das famílias católicas

José Ivo Follman*

Palavras de introdução

A palavra espiritualidade lembra algo que impregna o que existe de mais profundo e existencial no cotidiano de alguém ou no cotidiano de uma família, um grupo ou uma organização. É algo que ajuda a orientar e dar sabor à vida e à ação. Cada religião ou cada orientação religiosa, apoiando-se em sua fonte fundacional e em suas tradições, difunde as suas crenças e as cultiva em seus fiéis ou seguidores, propiciando, também, formas de cultivo das crenças, através de práticas consideradas mais adequadas para nelas perseverar e crescer.

Eu, pessoalmente, nasci e fui criado em uma família católica, constituída por uma espiritualidade profunda e consistente, manifesta através de práticas cotidianas bastante definidas e ordenadas. Devo dizer que estou marcado por essa espiritualidade. Escrever sobre o tema "espiritualidade e espiritualidades no contexto das famílias católicas" é, assim, para mim, uma grande oportunidade, porque faz reviver um manancial de riquezas espirituais nunca suficientemente exploradas ou degustadas.

---

* Sociólogo. Jesuíta. Doutor em Sociologia. Professor do Programa de Pós-Graduação em Ciências Sociais, Unisinos. Assessor do Programa Gestando o Diálogo Inter-religioso e o Ecumenismo – Gdirec e do Núcleo de Estudos Afrobrasileiros e Indígenas – Neabi, Unisinos.

Muitas coisas se me passaram pela cabeça e pelo coração, no momento em que iniciei a organização deste texto. Eu havia sido recentemente solicitado para ajudar a escrever a história da comunidade local onde eu nasci e vivi a minha infância. As lembranças, naturalmente, se aceleram e multiplicam nesse tipo de exercício de memória. As lembranças de minha iniciação na fé católica e das práticas espirituais cotidianas de nossa família também foram avivadas em mim. Estavam dadas, portanto, as melhores condições para desenvolver a reflexão que resultou no presente texto.

A composição ou costura do texto foi realizada em janeiro de 2013, mais de sessenta anos depois das minhas vivências de infância, em um contexto muito distante, no tempo e no espaço, durante minha estada na Índia. Confesso que estava profundamente impactado pela realidade desafiadora e rica em tradições culturais e religiosas, que é a realidade daquele país. A população católica, o cristianismo em geral, na Índia é minoria. É, portanto, uma realidade religiosa muito diversa da que vivemos no Brasil. Até se poderia dizer: exatamente inversa. Enquanto a sociedade brasileira está impregnada por um substrato cultural católico, a sociedade indiana está impregnada por um substrato cultural hindu. Consequentemente a realidade da espiritualidade das famílias católicas também é diferente... Eu, no entanto, arrisquei a pergunta: Será que é tão diferente assim? Na ocasião, fiz uma longa entrevista com um jesuíta indiano muito experiente em trabalhos pastorais.[1] A percepção que esse jesuíta revelou foi que, basicamente, a espiritualidade das famílias católicas na Índia, em seus traços e tendências principais, é muito semelhante à espiritualidade que nós percebemos nas famílias católicas brasileiras.

---

[1] Trata-se do P. Francis Guntipilly, sj, na Província Jesuíta de Karnataka, que integra a Comissão Apostólica para o Diálogo e trabalha com migrantes. É encarregado da formação dos leigos e da ação social na St. Joseph's Indian High School, de Bangalore, Índia.

Não precisamos, no entanto, apressar conclusões... Além destas "Palavras de introdução", o texto foi estruturado à maneira de um caminho cheio de atalhos, recolhendo, inclusive, textos já elaborados anteriormente, e passando pelos seguintes subtítulos: Minhas memórias católicas da infância; Espiritualidade ou espiritualidades; O substrato comum das espiritualidades católicas; Folheando o catálogo de diferentes espiritualidades católicas; Três menções especiais para o momento presente; Diferentes formas de viver o catolicismo; Meu testemunho, sessenta anos depois; Palavras de conclusão.

Como o texto é um caminho cheio de atalhos ou uma composição dinâmica de retalhos, de constatações e reflexões, colhidas em diversos contextos, a sua leitura não precisa ser linear.

Minhas memórias católicas da infância

Uma lembrança muito viva é a grande centralidade que a devoção a São José exercia na nossa família. Havia, na sala maior de nossa casa, em um dos lados, um oratório com uma imagem grande de São José. Lá nunca faltavam velas e sempre tinha um vaso de flores. As paredes da sala estavam cheias de imagens da iconografia católica, mas a de São José tinha um destaque muito grande. Era diante dessa imagem que nos reuníamos todas as noites, depois da janta, para, de joelhos, rezar o terço. Essa reza era feita às vezes em alemão e outras vezes em português. Eu cultivo hoje ainda a bela lembrança das orações diárias, antes e depois das refeições, que eram longas e feitas com fórmulas mescladas, sendo algumas em alemão e outras em português.[2]

---

[2] Eu gosto de passar dias na casa de meu irmão, que mora no mesmo terreno onde estivera a nossa casa paterna, porque na família dele se repete rigorosamente um esquema muito parecido de rezas dos tempos de minha infância.

Depois do terço, íamos para a cama. Lembro como a minha mãe, todas as noites, se aproximava discretamente das nossas camas e nos abençoava com água benta, enquanto fingíamos que já estávamos dormindo. Isso passava carinho e segurança! Aliás, a água benta nunca faltou em nossa casa.[3] Era símbolo de proteção divina e combate contra os males e doenças. Também era muito usual ter ramos bentos em casa para proteger contra tormentas e raios. Os ramos bentos eram conservados a partir do cerimonial litúrgico do Domingo de Ramos. Estão vivas na minha memória cenas em que a mãe e a avó queimavam ramos e faziam invocações às santas e aos santos protetores durante tormentas.

Lembro como, muitas vezes, enquanto o jantar era preparado, o meu pai, com seu vozeirão, entoava canções, em geral eram hinos de igreja, e nós cantávamos junto, formando uma polifonia de beleza indescritível... Tudo isso acontecia sob a luz das lamparinas de querosene e do lampião de gás. Às vezes o meu pai fazia a leitura de algum texto em alemão ou em português e nós ouvíamos atentos. Quando era necessário, ele introduzia com uma pequena fala situando o texto ou dizia uma frase de impacto depois da leitura. Em geral eram textos instrutivos e que traziam mensagens de vida cristã. Algumas vezes eram textos anedóticos e de entretenimento. Era um ambiente gostoso, muito harmonioso e, sobretudo, disciplinado.

Tive as minhas primeiras inserções no compromisso com a comunidade através das limpezas no cemitério, que a nossa família era encarregada de manter. O pai nos mandava capinar o cemitério e dizia que isso era um serviço para a comunidade. Acostumei-me desde pequeno com essa ideia. Parece algo irrelevante, mas só eu sei o quanto isso me marcou e me lembra a

---

[3] Ao lado da água benta, também era usual a água de Santo Inácio, benzida por um sacerdote jesuíta com uma fórmula especial e com a presença de uma medalha com a imagem desse santo. Trata-se de uma clara influência jesuítica, por muito tempo presente na paróquia local.

imagem de meu pai como uma pessoa responsável pelas coisas da comunidade. Isso se revelava em todas as atividades comuns da comunidade.

A Bíblia não era muito lida, mas tínhamos o catecismo da doutrina católica. Com muita frequência havia uma tarde de aulas de catequese, a cargo do próprio padre da paróquia. Trata-se de uma maneira muito sábia de introdução na vida de compromisso cristão adulto. Eu fui batizado[4] quando não tinha completado ainda um mês de vida e fui crismado,[5] também, algumas semanas depois. Isso soa estranho, uma vez que Crisma é um sacramento de confirmação para quem já está no seu pleno uso da razão. No entanto, as famílias eram tão estáveis e confiáveis na sua vida da fé católica que havia uma plena confiança da parte do clero de que os pais realmente garantiriam uma boa formação na fé.

Nos domingos, sempre que ocorria missa na comunidade,[6] a cinco quilômetros de distância, todos íamos para a igreja. Os pais e a avó iam a cavalo e nós todos a pé. Na ausência de missa na comunidade, enfrentávamos doze quilômetros para ir à missa na sede da paróquia. A missa ocupava uma centralidade muito grande no imaginário. Lembro-me de que nós crianças chegávamos a brincar de celebrar missa. A participação na celebração da missa era um momento-auge e sempre se usava a melhor roupa. Em dias de celebração festiva, como, por exemplo, a "missa do galo" de Natal, o pai nos levava todos para a igreja, em uma carroça puxada por uma junta de bois. Era uma festa!

Muitas outras lembranças poderiam ser registradas, mas essa não é a finalidade deste texto. Fiz esta breve incursão na minha memória da infância porque o meu interlocutor indiano referiu a maneira intensa como eram cultivadas as espiritualidades nas famílias católicas indianas, nos contextos do mundo rural antigo e

---

[4] Sacramento do Batismo.

[5] Sacramento da Crisma.

[6] Sacramento da Eucaristia.

tradicional, e como essa realidade vem mudando gradativamente, tanto na própria vida no campo como, sobretudo, nos centros urbanos e nos contextos intermediários. Ele também destacou a centralidade exercida pela missa.

As formas de expressão da espiritualidade católica se diversificam no próprio ritmo de crescimento da complexidade da vida humana em sociedade. Essas formas, no entanto, também são diversas, alimentando-se em diferentes experiências espirituais que foram sendo acumuladas dentro e fora do catolicismo ao longo da história.

Espiritualidade ou espiritualidades?

A espiritualidade, como foi definida no início deste texto, tem a ver com o modo como pessoas, famílias, grupos ou, mesmo, organizações organizam a sua vida cotidiana no sentido de manter vivas as crenças religiosas. É notável como cada religião ou organização religiosa difunde as suas crenças, as cultiva em seus fiéis ou seguidores e propicia formas de aprofundamento das mesmas, através de práticas consideradas mais adequadas para nelas perseverar e crescer.

É muito grande a distância entre o que uma religião ou organização religiosa – *no caso a Igreja Católica* – cultiva e difunde, por um lado, e o que é praticado, por outro lado, no cotidiano concreto das pessoas, famílias, grupos e organizações.

A realidade nos mostra que não existe uma só espiritualidade católica e também não se pode falar em espiritualidade das famílias católicas no singular. São muitas as espiritualidades das famílias católicas, ou seja: as formas como as famílias católicas cultivam as crenças provindas do catolicismo são infindamente diversificadas. Existe, isso sim, um substrato comum, reconhecível com maior ou menor clareza.

A espiritualidade que eu pessoalmente pratico hoje, mais de sessenta anos depois da minha infância, é radicalmente diferente daquela que eu praticava naquela época sob a orientação de minha família e da tradição de meus pais, mesmo que eu deva reconhecer naquela experiência de infância uma base rica que permanece.

Ao perguntar ao meu interlocutor indiano sobre "a espiritualidade das famílias católicas", ele foi direto e claro, ao dizer: "É difícil falar de uma espiritualidade, pois isso varia muito de um contexto para outro... Para começar, existem as famílias do interior rural e existem as famílias dos grandes centros urbanos. Além disso, ainda deve ser considerada a situação das famílias que estão em uma situação intermediária, entre o campo e a cidade". Pensei comigo: "Assim como no Brasil..." "E tem mais – continuou o meu interlocutor indiano – isto depende muito, também, das diferentes influências que as famílias tiveram e têm a partir de grupos e movimentos católicos, como também do tipo de dedicação que o clero demonstra com relação às famílias de sua responsabilidade". Mais uma vez, mentalmente, relacionei a similaridade com a realidade brasileira.

O substrato comum das espiritualidades católicas[7]

Quais são os *fundamentos* da Igreja Católica? São as Sagradas Escrituras, a Bíblia Sagrada e a Tradição. Trata-se da doutrina e dos costumes transmitidos pela Igreja, desde os apóstolos, sempre sob a vigilância do poder central da Igreja. A religião Católica, assim como as demais Igrejas dentro do Cristianismo, *cultiva e transmite* a fé em um Deus, dentro da mesma tradição da fé monoteísta, do conjunto das religiões abraâmicas, como referência ao Patriarca Abraão: o Judaísmo, o Cristianismo e o

---

[7] *Igreja católica: alguns apontamentos sobre sua história, estrutura e identidade.* Palestra de Pe. José Ivo Follmann, sj, no Seminário "Estudando as Religiões VII", 13 de outubro de 2004, Programa Gestando o Diálogo Inter-Religioso e o Ecumenismo – GDIREC, UNISINOS. (Agradeço ao meu colega Pe. Carlos Sérgio Vianna, sj, doutor em Teologia, pelas ideias e subsídios que forneceu em diversos aspectos teológicos, naquela ocasião.)

Islamismo. Na interpretação cristã, Deus se revela de maneira especial em Jesus de Nazaré como verdadeiro homem e verdadeiro Deus, e na força do Espírito Santo. Em Jesus os planos de Deus se revelam de forma explícita na imagem do Reino de Deus. A partir das falas de Jesus, podemos dizer que a Igreja tem o seu centro de referência no Reino. É a centralidade de Cristo, expressa no Reino anunciado.[8]

Qual a origem da *estrutura* organizacional? Jesus de Nazaré mostrou o desejo de ver a sua missão continuada através de um grupo de seguidores. O número dos Doze Apóstolos é importante como simbolismo do Novo Povo de Deus, povo que abrange tudo, transfigurado na missão e identidade de Jesus. No entendimento da doutrina da Igreja, os sucessores dos apóstolos são os bispos. Dentre os apóstolos, Pedro recebeu do próprio Jesus uma missão especial de liderança e a sua escolha final de estar em Roma e ali ter morrido mártir fez com que a tradição definisse o Bispo de Roma como sucessor de Pedro e chefe da Igreja. O Bispo de Roma passou mais tarde a ser denominado de Papa, pela sua liderança na Igreja. O Papa é um bispo entre os bispos. Ele não é o Bispo do mundo, é o Bispo de Roma, que se relaciona com os demais bispos como líder religioso. Na hierarquia da Igreja Católica, os padres e diáconos são auxiliares dos bispos.[9]

---

[8] A ideia do Reino de Deus expressa a missão de Jesus Cristo. Trata-se de uma maneira mais dinâmica de dar destaque à centralidade de Cristo.

[9] A organização hierárquica da Igreja gira em torno do Papa e da Cúria romana. A Cúria romana simboliza muito o lado institucional, burocratizado da Igreja, que acumula dois mil anos de existência. É notável que os papas, ultimamente, vêm demonstrando um anseio muito grande de sair de Roma e ir ao encontro dos diferentes povos. Na Igreja Católica, desde o Século IV, os bispos e os padres são celibatários e do sexo masculino. Antes disso, segundo informações históricas, o celibato não era norma. A Igreja Católica é, na sua estrutura hierárquica, uma Igreja episcopal; ela é episcopal romana. Quando se fala Igreja Católica Apostólica Romana, se quer dizer isso, pois que os bispos são os sucessores dos apóstolos. Algo importante na Igreja é a organização regional dos bispos, o que hoje se chama conferências episcopais. Uma das conferências mais atuantes no mundo foi por muito tempo a Conferência Nacional dos Bispos do Brasil, criada em 1952. Vocês todos devem ouvir das atividades da CNBB no Brasil. A publicação que traz uma informação bastante completa sobre o clero e as atividades da Igreja no Brasil é o *Anuário Católico do Brasil*. Nele encontramos a nominata de todo o clero (bispos e padres), de todos os religiosos, alguns dados estatísticos. É uma publicação do CERIS, Centro de Estatísticas Religiosas e Investigação Social, ligado à CNBB.

Não se pode falar da Igreja Católica sem falar dos *sete sacramentos* que talvez sintetizem a experiência de Deus. Os sacramentos da Igreja são apresentados como dons de Deus para a santificação de seu povo. O Concílio de Trento, de 1545 a 1560, definiu os sacramentos em sete. Eles acompanham a vida do cristão do nascimento à morte. Os três primeiros sacramentos são os de iniciação cristã e de cultivo da fé: o Batismo, a Confirmação e a Eucaristia. São aqueles que acompanham o rito de entrada na fé e de cultivo da fé. A Igreja sempre aceitou e aceita batizar crianças, por causa da disposição e promessa dos pais em educar a criança na fé católica.

Se a prática do Batismo de crianças é bastante associada à Igreja Católica, o mesmo deve ser dito da prática da missa. "Ser católico" lembra "ser de missa". A missa católica é algo da cultura, até se dá comumente o nome de missa a celebrações que não têm nada a ver com a celebração da Eucaristia. O que é a missa? A celebração da Eucaristia é um serviço divino, fazendo a atualização do mistério central da redenção na memória da paixão, morte e ressurreição do Senhor; ela desempenha papel fundamental na Igreja Católica. É sacramento que tem uma centralidade grande na Igreja Católica, sendo de obrigação semanal (dominical) para os fiéis, enquanto os padres e bispos normalmente a celebram todos os dias.[10]

Além dos sacramentos da iniciação (Batismo e Crisma) e de cultivo da fé (Eucaristia), a Igreja Católica cultiva os sacramentos da cura e os do serviço. Os da cura são: o sacramento da Reconciliação ou Confissão e o da Unção dos Enfermos. Trata-se de sacramentos voltados, sobretudo, para o conforto e restabelecimento do ânimo espiritual e corporal. Os sacramentos

---

[10] As partes da missa são: o ato penitencial, o louvor, a oração, as leituras bíblicas, o sermão, a recitação do credo, a oração dos fiéis, e, o clímax de tudo, a própria Eucaristia, com o momento do ofertório, seguido da grande oração eucarística e concluindo com a comunhão. Nos diferentes tempos do ano litúrgico, são utilizadas cores diferentes nas celebrações litúrgicas.

do serviço e da comunhão são a Ordem e o Matrimônio. São formas de celebrar e manifestar a presença de Deus, através de serviço à comunidade e da vida de partilha e amor.

Os sacramentais são outro componente que deve ser ressaltado. Estes podem ser símbolos, objetos, lugares, rituais e fórmulas de oração e bênção e outras expressões. Os sacramentais não têm, em geral, fundamentação bíblica. Eles foram introduzidos pela própria Igreja ao longo da história, muitas vezes tomando emprestados elementos de outras culturas e de outras religiões. Eles ajudam, dentro da cultura católica, a reforçar e estimular a própria fé.

A Igreja Católica professa a "comunhão dos santos". Ou seja, para ela, a unidade da fé ultrapassa as barreiras do tempo e do espaço. Nisso estão baseadas a *veneração e a devoção aos santos e às santas* que foram modelos para todos os cristãos. A Igreja não se vê como só reduzida aos que ainda estão vivos, mas ela se vê também como "comunhão dos santos", com todos aqueles e aquelas que já passaram e que estão na eternidade. *Maria, Mãe de Jesus*, tem uma centralidade muito grande na Igreja Católica. Ao longo de sua tradição eclesial, a Igreja Católica possui uma devoção especial à Virgem Maria, ou, como preferem os indianos, Maria Mãe. Para os católicos, Maria está intimamente ligada à história do povo e à história da salvação, e o seu "sim" é modelo para todos os discípulos.[11] No catolicismo popular a figura de Maria é muito respeitada, pois se considera a sua experiência

---

[11] A Igreja Católica professa alguns dogmas, verdades de fé, que estão relacionados à vida e ao papel especial de Maria no plano de Deus. Por exemplo, professa o dogma da maternidade virginal de Maria, que se conservou através do parto. Aqui o sentido é mais crístico do que mariano, pois diz respeito à ordem divina do verbo encarnado. Quer dizer, o cultivo, a atenção à maternidade virginal de Maria, esse dogma é afirmado para mostrar claramente que Jesus Cristo, o Verbo encarnado, tem origem divina e não humana. Tem também o dogma da Imaculada Conceição, que afirma que a própria Virgem Maria foi preservada do pecado original, e ainda o dogma da Assunção de Maria aos céus, antecipando assim o destino de toda humanidade seguidora do Mestre. O que se quer demonstrar com esses três dogmas? O primeiro afirma a divindade de Cristo, o mesmo acontece com o segundo e o terceiro afirma a nossa ressurreição.

de dor e sofrimento, que a torna muito próxima de todos os devotos, especialmente os pobres e sofredores.

Folheando o catálogo de diferentes espiritualidades católicas

Um aspecto importante na Igreja Católica, em sua história, são os mosteiros, as ordens religiosas e as congregações religiosas. O sistema monástico se desenvolveu há muito tempo na antiga Igreja, com base na vida dos eremitas, que se retiravam para o deserto. Hoje existem inumeráveis mosteiros, ordens e congregações religiosas masculinas e femininas. Conhecemos ordens e congregações religiosas com os mais diferentes carismas e formas de engajamento na missão da Igreja.[12]

Formas diversas de espiritualidade foram originadas nesse processo, constituindo-se em alimento para práticas e engajamentos diversos na vida e na missão da Igreja. Nesse sentido, apesar de o centro da espiritualidade católica estar na celebração da Eucaristia e na vida sacramental em geral, muitas e diversificadas são as formas de reforço espiritual, desenvolvidas ao longo dos séculos. As principais fontes orientadoras desses processos podem ser encontradas nos mosteiros, nas ordens e nas congregações religiosas. Temos como destaque: a "espiritualidade de retiro", proveniente dos Monges do Deserto (Santo Antão), impulsionando uma espiritualidade de deserto e de retirada do mundo; a "espiritualidade beneditina", concernente à Ordem dos Beneditinos (São Bento), e que alimenta todo um tipo de espiritualidade de busca da perfeição cristã em comunidade, através da oração comum e afastada das preocupações mundanas; a "espiritualidade franciscana", originada na Ordem Franciscana (São Francisco), orientando para uma vida desapegada, em pobreza, de amor à natureza e serviço aos pobres; a "espiritualidade dominicana",

---

[12] Disponível em: <http://en.wikipedia.org/wiki/Catholic_spirituality>.

ancorada na Ordem Dominicana (São Domingos), caracterizando-se pela pobreza, amor à verdade e dedicação à pregação; a "espiritualidade inaciana", proveniente da Ordem dos Jesuítas (Santo Inácio), caracterizando-se pelos exercícios espirituais, o discernimento da vontade de Deus e o exame de consciência, para em tudo amar e servir; a "espiritualidade carmelita", ancorada na Ordem Carmelita (Santa Teresa d'Avila), cujas características principais são: desprendimento interior, silêncio, solidão e busca do progresso espiritual e experiência mística; a "espiritualidade redentorista", desenvolvida pela Congregação dos Redentoristas (Santo Afonso de Ligório), caracterizando-se pelo seguimento do Cristo em sua encarnação, morte e ressurreição; a "espiritualidade mariana ou servita", ancorada na Congregação dos Servitas ou Servos de Maria (Sete Fundadores),[13] desenvolvendo práticas focadas em Maria aos pés da cruz, a serviço dos que sofrem.

Além desses caminhos espirituais aqui apontados de forma esquemática, poder-se-ia ainda organizar grandes listas de "espiritualidades católicas" organizadas por outras congregações religiosas ou outras vias e momentos, como, por exemplo, a espiritualidade ancorada na organização Opus Dei, nos movimentos leigos pós-Concílio Vaticano II em geral, no movimento Schoenstatt, no movimento Focolari, no movimento Santo Egídio e muitos outros.

Quero fazer uma menção especial à "espiritualidade carismática", pela sua forte expressão hoje no Brasil, à "espiritualidade do diálogo" e à "espiritualidade da teologia da libertação". Estas duas últimas, em grande parte, porque são as que mais ajudam a orientar-me no meu jeito de viver a "espiritualidade inaciana" dentro da Igreja Católica.

---

[13] Buonfiglio dei Monaldi (Bonfílio), Giovanni di Buonagiunta (Bonajunta), Bartolomeo degli Amidei (Amadeu), Ricovero dei Lippi-Ugguccioni (Hugo), Benedetto dell' Antella (Manetto), Gherardino di Sostegno (Sosteno), e Alessio de Falconieri (Aleixo).

Três menções especiais para o momento presente

A primeira menção é direcionada para a *espiritualidade carismática*. Trata-se de uma forma de cultivar a fé cristã muito praticada, hoje, no Brasil e que repercute profundamente nas famílias católicas pela presença diária nos meios de comunicação. É uma espiritualidade baseada na ação do Espírito Santo e na efusão de seus dons na Igreja, voltada para a renovação carismática dela. Trata-se de uma espiritualidade que exerce, também, um forte papel de conforto e cura espiritual e corporal.

Além das repetidas e marcantes invocações para aliviar as pessoas de suas dores espirituais e corporais, trazendo conforto e cura, essa espiritualidade está centrada, sobretudo, na busca de: praticar a redescoberta da pessoa viva e vivificante de Jesus, como fonte de esperança e salvador do mundo, ontem, hoje e sempre; o reencontro filial, confiante e feliz com Deus que é Pai; o gosto pela oração pessoal e comunitária, pelo louvor e pela adoração; o apreço pela Palavra de Deus e a procura dos sacramentos; uma maior fidelidade à Igreja e um revigoramento da juventude e vocações sacerdotais e religiosas; uma liberdade interior que deixe a pessoa ser modelada, convertida e transformada por Deus. A espiritualidade carismática também dá grande centralidade à devoção a Maria, Mãe de Deus, que sempre se deixou guiar pelo Espírito Santo.[14]

A segunda menção a fazer diz respeito a uma *espiritualidade do diálogo*. Num mundo de crescente consciência da diversidade, o diálogo se faz fundamental para que a humanidade possa crescer em harmonia. Como mencionei no início, a organização deste texto foi realizada durante a minha estada na Índia, sendo embebido pela riqueza multimilenar e multiforme da cultura e da sociedade daquele país, que, historicamente, sobreviveu através

---

[14] Ver www.wcclesia.pt/rcc, sobre uma homilia de Dom António Francisco dos Santos, Bispo de Aveiro, Portugal.

de um processo de assimilação e resistência a sucessivas dominações, que foi múltiplo, criativo, controvertido e, ao mesmo tempo, harmonioso. A sociedade indiana tem, também, os seus problemas que, sem dúvida, são sérios e muito desafiadores, mas é incrível, nesse país, a capacidade de convivência na diversidade. O Brasil está despertando, sempre mais, ao longo das últimas décadas, para a riqueza da sua própria diversidade cultural. Essa diversidade está manifesta, de modo especial, nas religiões e religiosidades que se multiplicam.

Cresce a consciência de que a prática do reconhecimento dos outros e a prática do diálogo são formas fundamentais para se viver a missão da Igreja Católica dentro desse contexto. Para sintetizar o que caracteriza, em essência, essa forma de espiritualidade, talvez uma frase de G. Gadamer, lembrada por Faustino Teixeira, possa ser inspiradora: "A capacidade constante de voltar ao diálogo, isto é, de ouvir o outro, parece-me ser a verdadeira elevação do homem à sua humanidade".[15]

A terceira menção é voltada para a *espiritualidade da teologia da libertação*. A expressão "teologia da libertação" aponta para o fenômeno das comunidades eclesiais de base e também nos faz retomar toda a questão do ensino social da Igreja. Isso demanda um detalhamento um pouco mais amplo.

As comunidades eclesiais de base têm sido uma manifestação muito importante do catolicismo. Aliás, não só do catolicismo, pois é um fenômeno que se manifestou também em outras Igrejas do cristianismo, em certo sentido. Trata-se da organização comunitária a partir da base, sem a interferência da hierarquia clerical. As comunidades eclesiais de base trouxeram um modelo diferente e inverso ao da estrutura clerical, que, ao longo da história, sempre marcou a Igreja.

---

[15] TEIXEIRA, Faustino. Diálogo Inter-religioso e Educação para a Alteridade. In: STRECK, D. R.; FOLLMANN, J. I.; SCARLATELLI, C. C. *Religião, cultura e educação*. São Leopoldo: Editora Unisinos, 2006. p. 29-40.

Esse foi o motivo por que chamaram tanta atenção. Elas têm um componente novo, enquanto refletem a opressão vivida pelo povo, a partir de uma teologia que também se coloca nessa perspectiva: a teologia da libertação. Com o apoio nas ciências humanas, que ajudam a entender e sistematizar o que está efetivamente acontecendo, reflete os problemas vividos pelo povo, tentando retomar a Boa-Nova de Jesus Cristo, que proclama a libertação do povo. A Igreja não veio só para trazer a mensagem da vida eterna, mas ela está aí para ajudar o povo a se libertar das opressões, aqui e agora. A mensagem da teologia da libertação foi marcante para a Igreja Católica e outras Igrejas cristãs, sobretudo a partir de finais da década de 1960, e teve grandes repercussões até finais da década de 1980.

Esse foi um tempo forte de alimentação de uma espiritualidade nessa perspectiva, sobretudo, no contexto latino-americano em geral e no Brasil em particular. A lembrança do momento forte das comunidades eclesiais de base e da teologia da libertação reporta-nos a alguns pontos essenciais do ensino social da Igreja.[16] Trata-se, no meu entender, de um aspecto fundamental da identidade da Igreja Católica.

Quais são as fontes do ensino social da Igreja Católica? No primeiro plano estão as Sagradas Escrituras, partilhadas por todas as Igrejas cristãs. São inúmeras as passagens que poderiam ser referidas. Refiro três, que para mim são emblemáticas: Mateus 25,40: "Tudo que fizestes a um desses meus irmãos mais pequeninos, a mim o fizestes"; João 9,11: "Aquele que quiser ser o primeiro entre vós, seja o servo de todos"; e Lucas 20,25 "Dai a César o que é de César, e a Deus o que é de Deus". Outra fonte do ensino social da Igreja Católica, também partilhada pelas outras Igrejas cristãs, são os "Padres da Igreja",

---

[16] Os principais documentos pontifícios do ensino social? Leão XIII: *Rerum Novarum*; Pio XI: *Quadragesimo Anno*; João XXIII: *Mater et Magistra*; Paulo VI: *Populorum Progressio*; João Paulo II: *Laborem Exercens*; Bento XVI: *Caritas in Veritate*.

escritores eclesiásticos entre os séculos II e V. Várias linhas temáticas importantes aparecem aí, por exemplo: "Não se pode separar fé da caridade dos pobres"; "Predileção da Igreja pelos pobres"; "Não somos donos, mas administradores dos bens"; "Todos os bens da criação se destinam a todos os homens"; "O homem tem uma natureza social, é chamado a viver em comunidade"; "Todos os homens temos uma igualdade básica"; "A propriedade privada sem respeito pelo destino universal de todos os bens para todos os homens, é fonte de egoísmos, de ilusões e exploração"; "A participação de bens é uma exigência de justiça"; "Quem não remedia a fome é homicida"; "Alguns ajudam um pobre, mas empobrecem cem"; "Quando se dá esmola se devolve ao pobre o que lhe pertence; é, portanto, obra de justiça"; "A misericórdia com o pobre é justiça".

Além dessas fontes históricas, o ensino social da Igreja se espelha na vida concreta do povo, em suas organizações, e necessita da mediação das ciências humanas para entender cada momento. Devem ser destacados três elementos fundamentais: o próprio clamor dos pobres, em múltiplas formas no cotidiano da vida comum; os movimentos sociais que existem e são expressão organizada do clamor dos pobres; e as ciências humanas, o próprio conhecimento da realidade. Esses três elementos são fundamentais, pois ajudam a desenhar, no espelho da Boa-Nova Cristã, o contraste ético mobilizador. Não se trata de uma mobilização caótica e ingênua, mas projetada com método científico e real operacionalidade. Este último aspecto envolve, segundo cada contexto, na maioria dos casos, muita paciência e responsabilidade histórica. Envolve, sobretudo, muito discernimento para acertar como melhor agir para o maior bem de todos e para ajudar a garantir que os marcados pela exclusão tenham as melhores chances de serem reconhecidos como cidadãos.

Diferentes formas de viver o catolicismo

A Igreja Católica, no entanto, é um mundo. São muitas e diferentes as formas de viver o catolicismo e a porção dos que se posicionam dentro das orientações, baseadas na teologia da libertação, das comunidades eclesiais de base e do compromisso social, que acabei de esboçar, é relativamente pequena em muitos contextos do conjunto todo da Igreja. Não se trata de fazer cálculos estatísticos aqui. Entendi que seria importante proporcionar mais este acesso ou atalho, ainda que de forma muito rápida e genérica, dentro da ideia de trazer aproximações para entender as "espiritualidades no contexto das famílias católicas".

Em exercícios realizados com alunos da disciplina de "sociologia das religiões", em diversos anos consecutivos, fui elaborando um quadro aproximativo das diferentes "formas de viver religião no Brasil" e, dentro disso, as diferentes "formas de viver o catolicismo no Brasil".[17]

No quadro então esboçado, considerando só a categoria católica, foram ressaltados os seguintes "agrupamentos": Católicos só de nome, com nenhuma prática religiosa pública; Católicos cumpridores de algumas exigências religiosas públicas mínimas; Católicos cumpridores regulares das exigências formais do catolicismo; Seguidores de práticas mediúnicas, kardecistas espíritas ou de religiões de matriz africana, confessando-se também católicos; Ligados a movimentos organizados católicos, Renovação Carismática Católica, Encontro de Casais com Cristo e similares; Católicos engajados em pastorais sociais e/ou integrantes de Comunidades Eclesiais de Base e engajados no compromisso social.

Trata-se apenas de um esboço a partir da observação empírica. Hoje, eu ainda acrescentaria a categoria dos "católicos comprometidos com o diálogo"... A hipótese levantada por diferentes grupos de alunos foi que esse ordenamento estaria correspondendo também à importância numérico-quantitativa dos católicos no Brasil, prevalecendo ainda o número dos "católicos só de nome", enquanto o número dos "católicos engajados em

---

[17] FOLLMANN, José Ivo. Igreja e missão na cidade. *Revista Renovação*, Porto Alegre: CNBB, p. 22-23, mar. 1997.

pastorais sociais", apesar de todo o *boom* das décadas de 1960 a 1980, continuaria representando o menor percentual. Mesmo que essa hipótese tenha sido formulada no final da década de 1990, é muito provável que o quadro não se tenha alterado significativamente. Ou seja, a hipótese continua atual.

Voltando ao meu interlocutor indiano, fica claro que também na Índia existem diferentes "formas de viver o catolicismo". Mesmo que ali também exista o fenômeno do "catolicismo só de nome", não há muita base para tal, uma vez que na Índia o catolicismo é minoria. Não existe, também, obviamente, o "catolicismo praticado junto com adesão a religiões de matriz africana ou ao kardecismo espírita", mas existem casos de convívio entre práticas hinduístas e católicas, em alguns contextos. Aliás, mesmo que haja uma grande vigilância da hierarquia católica com relação a isso, a cultura hinduísta é forte e a fronteira é muito movediça. Muitos modos de proceder, provenientes da cultura hinduísta, estão totalmente assimilados na liturgia católica, destacando-se, sobretudo, o gestual litúrgico. Observados esses dois pontos, as "formas de viver catolicismo" na Índia se assemelham às do Brasil.

Meu testemunho sessenta anos depois

Recentemente, respondi a uma entrevista para uma revista local de circulação restrita e me surpreendi dando um testemunho pessoal, referente à minha percepção da fé cristã e ao meu modo de proceder. Trata-se de uma reflexão sobre espiritualidade cristã, mas, sobretudo, um testemunho da minha espiritualidade sessenta anos depois daquela espiritualidade que aprendi nos meus anos de infância.[18]

R.R. Como podemos entender a relação fé e vida? Como podemos crescer na fé e crescer humanamente de maneira integral?

Para mim vida humana e fé estão profundamente relacionadas e imbricadas uma na outra. É nessa relação que reside

---

[18] FOLLMANN, José Ivo (entrevistado). Fé e vida: experiência cidadã. *Revista Redemoinhos (R.R.)*. São Leopoldo, 13. ed., pp. 6-9, abr. 2011.

o ponto que distingue mais plenamente a espécie humana das demais espécies de seres animais. Trata-se da condição de conseguir reconhecer-se para além dos próprios limites. Trata-se da condição de reconhecer a dimensão de eternidade dentro de seu próprio existir.

Esses "momentos" de autorreconhecimento em sua própria dimensão de eternidade assumem diferentes formas e podem proporcionar diferentes resultados, a depender da disposição vivida pelos sujeitos e do tipo de fé que efetivamente cultivam.

R.R. Como o senhor orienta ou orientaria pessoas que vivenciam hoje uma experiência de crise de fé?

Crises de fé em geral representam processos de amadurecimento. A total ausência de crise é mais perigosa. Crises de fé também podem advir do cansaço ante o muito trabalho e pouco resultado visível, mas esse tipo de cansaço vai, muito mais, em uma linha de "desespero" do que propriamente crise... O cansaço ao qual me refiro aqui talvez deva ser mais visto como resultado da falta de cultivo da fé...

Assim como uma pessoa pode entrar num processo depressivo em termos psicológicos, também se pode falar de processos similares em relação à dimensão profunda de nosso existir, que envolve a fé. Assim como as depressões podem ser prevenidas com ocupações adequadas etc., assim também no plano da fé é importante que não se deixe tudo isso morrer na praia. A fé deve ser permanentemente exercitada. É o mesmo que o amor entre as pessoas. Se esse amor não é cultivado, está fadado a morrer.

R.R. Qual o papel da fé nessa fase de transição da sociedade cristã para uma sociedade secularizada?

Creio que existe um equívoco em falar da transição de uma sociedade cristã para uma sociedade secularizada... O cristianismo é uma "religião" eminentemente secular! Jesus Cristo se ENCARNOU na história humana. Ser cristão significa viver a presença de Deus em todas as coisas. A história do Cristianismo, apesar de originalmente ter essa marca secular (de secularização), pode, no entanto, ser lida como uma história de sucessivos processos de forte sacralização da fé cristã. Hoje vivemos em um momento na história da humanidade em que se manifesta sempre mais algo que se poderia denominar de "secularização encantada". A expressão talvez não seja totalmente adequada porque sugere certas conotações, que não têm nada a ver com o que se quer dizer. Entre esses diferentes encantamentos "seculares" encontra--se de uma forma nova o próprio cristianismo em seu estado mais original.

R.R. Seria possível confrontar-se tão de perto com a realidade da miséria e da injustiça social sem levantar questões relacionadas com a fé e o comprometimento pessoal?

A revolta ante os males terríveis que subsistem, às vezes até geram crises de fé. As pessoas se interrogam com relação às tragédias da humanidade, a todas as coisas horríveis e todo o sofrimento que diariamente nos incomoda... Como acreditar na existência de um Deus de Bondade e de Amor, que deixa acontecer tudo isso?

No entanto, a realidade da miséria e da injustiça social são desafios para toda a pessoa de fé. Ou seja, as injustiças, a miséria e os sofrimentos humanos não deveriam deixar uma pessoa de fé indiferente. Caso esses fatos gerem crise de fé, então talvez exista algo errado na maneira como a pessoa vive a sua fé e como a sua fé está orientada. A indiferença talvez possa ser considerada o sinal mais cabal de falta de fé.

A questão fundamental está no foco dessa atenção ou desatenção que se tem ante as injustiças, a miséria e os sofrimentos. Por exemplo, alguém como eu, que está orientado por uma perspectiva cristã, nunca apontará Deus como culpado e não vai reivindicar intervenção divina, mas vai interrogar-se sobre a responsabilidade humana e a própria responsabilidade.

O que eu posso fazer no meu cotidiano para que essas injustiças diminuam?

R.R. Como relacionar fé e vida, crença e cidadania? Ser cristão hoje exige um comprometimento na construção de outro mundo, outras relações sociais, outras relações ecológicas e ambientais. Como pensar tudo isso na integralidade da vida?

Existe algo que é essencial em toda esta reflexão, que as perguntas aqui formuladas me provocam: o ser humano é um ser de liberdade! A pergunta é ampla: estou focando as respostas dentro da minha orientação cristã. No entanto, é importante entender-se que vivemos em um momento da humanidade em que mais do que nunca se diversificaram as crenças e também são múltiplas as formas de se entender o que é ser cidadão.

A pergunta foca o ser cristão. Sim, ser cristão sempre significou e significa comprometimento. Isto não é de hoje... O cristão por definição (em seguimento à encarnação de Deus na história) é denúncia de tudo o que está degradando as relações e é comprometido com a construção de outro mundo possível, outras relações sociais, outras relações ecológicas... O mundo cristão ao longo da história tem grandes dívidas com relação a isso. Muitos equívocos, muitos males, muitos pecados, muitas infidelidades aos princípios fundantes do Cristianismo estão escancarados na história. É necessária uma permanente busca de renovação. Como jesuíta que sou, posso testemunhar, por exemplo, como na última Congregação Geral da Ordem, na qual participei em inícios de 2008, essa questão esteve presente e chegou-se a formular em um dos documentos centrais a necessidade de sermos protagonistas de NOVAS relações com Deus, NOVAS relações sociais (entre os humanos) e NOVAS relações com o meio ambiente. Portanto, mesmo que isso seja da própria essência do ser cristão, existe uma permanente necessidade de atualização e correção de rota, porque nós humanos somos limitados e frágeis.

R.R. O que dizer para as novas gerações sobre a integração fé e vida? Como os jovens, no seu olhar, têm feito experimentações de fé que proporcionam crescimento humano?

Eu quero fazer um alerta: nem sempre o que se coloca como "experimentações de fé" são efetivamente experiências que levam a um engajamento comprometido com a história. Olhando numa perspectiva cristã, com o Deus encarnado que trabalha na história da humanidade através da livre ação dos seres humanos. É muito importante sabermos distinguir entre as experiências pessoais de êxtase e de reconforto e as vivências espirituais que levam a um maior engajamento comprometido com a vida e a história. A dimensão cúltica (de internalização e contemplação) e a dimensão ética (de compromisso histórico) são duas dimensões muito importantes, mas que não devem ser confundidas, muito menos uma dimensão ser reduzida à outra.

Até aqui vai o texto da entrevista, na qual me surpreendo, sessenta anos depois, convivendo em harmonia dentro de uma espiritualidade universal, radicalmente diferente daquela espiritualidade de meu berço infantil, dentro de um mundo pequeno e disciplinado. Aquele era um mundo gostoso e harmônico. Hoje também me vejo vivendo um mundo gostoso e harmônico cultivado dentro de mim, apesar de jogado permanentemente nos desafios das fronteiras do diferente.

Palavras de conclusão

O caminho feito foi de vários atalhos, uns se apresentaram em forma de trilhas transversais, outros constituíram trilhas paralelas e convergentes. Existe uma grande riqueza a ser explorada. O texto levanta diversas hipóteses importantes. Mesmo que eu não tenha buscado fazer um estudo comparativo, o meu interlocutor indiano exerceu um papel-chave na escolha dos recortes feitos.

O Brasil e a Índia são dois países grandes e que vertiginosamente estão ganhando destaque no cenário internacional de hoje. O Brasil e a Índia são dois países que apresentam uma grande diversidade cultural e religiosa. Tanto no Brasil como na Índia são desenvolvidos cuidados políticos para que essa diversidade viva numa crescente harmonia. O Brasil tem uma vida relativamente curta em relação à Índia. Nosso país é dez vezes mais jovem. Quando no Brasil falamos em 500 anos, na Índia se fala em 5 mil anos. O Brasil tem 500 anos de forte presença católica, inclusive como religião oficial, ao longo de 400 anos. A Índia tem 5 mil anos de forte presença da religião hinduísta, sendo a cultura hindu, praticamente, a cultura de base do povo desse país. O hinduísmo, aliás, é um substrato cultural que, segundo suas lideranças, em muito ultrapassa os limites dos 5 mil anos de registro histórico.

As mesmas preocupações que o clero católico brasileiro manifesta com respeito ao esvaziamento nas práticas espirituais católicas no âmbito da família, no meio da agitação do mundo de hoje, sobretudo, na cidade, são confirmadas também no meio do clero católico na Índia, segundo o meu interlocutor indiano. Este falou que a redução nas práticas religiosas católicas em casa, no seio da família, é preocupante. E acrescentou: "Inclusive no meio rural, apesar de ali ainda existirem mais momentos de oração em família". Sugeriu que a agitação e os horários diferentes não permitem mais momentos de encontro, mas também entende que o próprio clero não apresenta mais a mesma disposição de fazer um acompanhamento corpo a corpo junto às famílias, ficando mais preso a administrar burocraticamente a paróquia, diante do seu computador e com atendimentos formais. Parecia que ele estava falando do Brasil...

As espiritualidades no contexto das famílias católicas variam muito segundo o próprio grau de adesão religiosa que os integrantes da família vivem. Essa variação também se dá segundo o contexto vivido pelas famílias, tendendo a ser mais intensa no meio rural e mais diluída e, talvez, mais individualizada no meio urbano. É muito provável que o grupo católico, majoritário no Brasil, que foi descrito como "católicos só de nome", não apresente nenhuma prática católica em família. Isto pode ser muito diferente em outros grupos, sobretudo nos de missa dominical ou pertencentes ativos a movimentos e grupos organizados católicos.

A presença ostensiva, num número crescente de famílias católicas, de missas católicas televisionadas secundadas com preces e bênçãos, coordenadas por sacerdotes, que se movem em grande parte na linha da espiritualidade carismática, é um dado importante a considerar, no contexto brasileiro. Na Índia, mesmo que existam ensaios com relação a isso, não chega a ser marcante, inclusive se fala numa espécie de decréscimo da onda carismática.

Na Índia existe uma religiosidade entranhada na cultura, que transborda toda e qualquer religião. Isso faz com que os indianos sejam pessoas mais espirituais em tudo o que fazem e dizem. Nós brasileiros temos, com certeza, muito a aprender nesse sentido. Aprender, sobretudo, a valorizar as nossas culturas, as nossas crenças e religiões e mesmo as nossas descrenças e negações de religião. Sem raízes culturais fortes ou sem ter tido tempo ou condições propícias de cultura, a sociedade brasileira, em muitos contextos, está se movimentando em geral muito próxima da beira do precipício da banalização e do vazio de sentido. Talvez beber um pouco mais das lições milenares da Índia possa alertar-nos desse precipício. As lições a que me refiro não são propriamente as lições religiosas. Estou me referindo à valorização das próprias tradições e do respeito às tradições dos outros, propiciando um convívio harmonioso na diversidade.

A espiritualidade na escola e a tradição religiosa familiar

*Laude Erandi Brandenburg**

Com o desenvolvimento do respeito às diferentes tradições religiosas, a questão da espiritualidade na escola ficou em "xeque-mate". Entrou em questionamento a abordagem de confessionalidades e religiões específicas, como a cristã, por exemplo. O artigo ocupa-se com a pergunta pela espiritualidade na escola e sua relação com a tradição religiosa familiar. O texto analisa como podem ser compatíveis e que encaminhamentos pedagógicos se fazem necessários para sua plausibilidade tanto na família quanto na escola.

Considere-se que a família e a escola são elementos propulsores do desenvolvimento do ser humano. Conforme Dessen e Polonia,

> [...] a família e a escola emergem como duas instituições fundamentais para desencadear os processos evolutivos das pessoas, atuando como propulsoras ou inibidoras do seu crescimento físico, intelectual, emocional e social. Na escola, os conteúdos curriculares asseguram a instrução e apreensão de conhecimentos, havendo uma preocupação central com o processo ensino-aprendizagem. Já na família, os objetivos, conteúdos e métodos se diferenciam, fomentando o processo de socialização, a

---

* Pedagoga, doutora em Teologia, docente da Graduação em Teologia e Licenciatura em Música e do Programa de Pós-Graduação em Teologia das Faculdades EST, São Leopoldo-RS.

proteção, as condições básicas de sobrevivência e o desenvolvimento de seus membros no plano social, cognitivo e afetivo.[1]

Assim, família e escola são balizadoras da formação integral de um ser humano. Sendo integral, o desenvolvimento de uma pessoa também pressupõe a dimensão religiosa. A partir desse princípio fundamental, o Ensino Religioso entrou na escola como um componente curricular, muito polêmico por suas fragilidades, como o principal espaço de discussão e de aprendizagem sobre e da dimensão religiosa.

Nos primórdios da execução da Lei n. 9.475, artigo 33 em nova redação, houve algumas hermenêuticas precipitadas ou equivocadas de que a tradição cristã estaria banida das escolas públicas, enquanto outras pessoas demoravam a entender que se havia saído dos tempos da catequese confessional e de que não mais se podia simplesmente aplicar a teoria da maioria de adeptos. Com o passar do tempo e com a realização de cursos, eventos e pesquisas na área do Ensino Religioso, instaurou-se um clima mais harmônico e de uma compreensão mais adequada do tratamento da dimensão religiosa e da aceitação da diversidade como conceito fundante dessa compreensão.

Em decorrência dessa consideração da diversidade, surge na escola um questionamento muito forte sobre o lugar da tradição cristã na abordagem dos conteúdos escolares, especialmente no componente curricular do Ensino Religioso. Logo após a promulgação da Lei n. 9.475 (artigo 33 da LDB), os avanços consistiram na aceitação desses novos paradigmas e de muitas dúvidas quanto ao currículo do Ensino Religioso e às práticas pedagógicas deles decorrentes. De forma lenta, os novos paradigmas foram assimilados conceitualmente e as práticas têm se mostrado em franco progresso. Além disso, conceitos como

---

[1] DESSEN, Maria Auxiliadora; POLONIA, Ana da Costa. A família e a escola como contextos de desenvolvimento humano. *Paideia*, Ribeirão Preto, v. 17, n. 36, abr. 2007, p. 21.

religiosidade, religião, espiritualidade e diversidade religiosa já não encontram mais tanta estranheza no meio escolar e na comunidade a ele ligada. Dessa forma, também a tradição cristã passou a ser vista como integrada na abordagem das religiões, nem hegemônica e nem rejeitada.

Espiritualidade

Considera-se espiritualidade, religião, fé, confessionalidade e crenças como conceitos distintos, mas integrantes da dimensão religiosa da pessoa. Devido a isso, não vamos nos ater a abordar a distinção dos termos, mas detalhar um pouco mais o termo espiritualidade.

A espiritualidade é compreendida como pertencente à dimensão religiosa da pessoa, mas pode gerar polêmica no universo religioso plural pela sua amplitude. "Espiritualidade pode ser compreendida como uma expressão bem genérica de relação com um ser divino e também como uma vivência bem específica de uma dada religião ou confissão religiosa".[2]

Espiritualidade pode ser "a busca realizada a partir de uma metodologia apresentada por um credo religioso".[3]

Isso significaria dizer que não existe apenas uma espiritualidade, mas há várias espiritualidades. Quanto a isso diz Murad: "Apesar de tantas nuances, pode-se afirmar que o termo 'espiritualidade' traduz tanto o caminho existencial da evolução espiritual de uma pessoa quanto a dimensão mística da fé e da religião".[4]

Trazer a espiritualidade para a escola não é necessário, pois ela já está lá, imbricada na cultura de cada estudante e

---

[2] BRANDENBURG, Laude Erandi. *A interação pedagógica no Ensino Religioso*. São Leopoldo: Sinodal, 2004. p. 28.

[3] FONAPER. *O fenômeno religioso no Ensino Religioso*. s.d., caderno 4, p. 15.

[4] MURAD, Afonso. *Gestão e espiritualidade*: uma porta entreaberta. São Paulo: Paulinas, 2007. p. 1 126.

no imaginário escolar. Também as crenças e confessionalidades específicas estão lá, muitas delas de tradição cristã.

O conceito de tradição e tradição religiosa

Tradição remonta à união com o passado e funciona como indicativo para o futuro.

A tradição implica o gesto de retomada para se projetar o futuro. Daí entendemos melhor o sentido da *utopia*, o sentido da *escatologia*. O gesto da retomada do passado não vai na direção de resgatar a *identidade perdida*, mas, sim, resgatar as relações e conexões possíveis para se garantirem os processos.[5]

Essa compreensão de tradição foge do significado que muitas vezes é dado como sinônimo de retrógrado, desatualizado. Tradição seria a reserva de sentido que é passada de uma a outra geração; seria a própria identidade de uma família, por exemplo, ou de uma escola que é conservada e passada adiante. Não uma *identidade perdida*, conforme citada acima, mas a conservação de características de traços identitários de um determinado grupo social.

Em nossa abordagem, esse grupo social seria a família que fornece os códigos formadores da tradição religiosa de cada pessoa. A tradição religiosa é definida "como elo, o laço que vai atar o ser humano ao sagrado impedindo-o de sentir-se sozinho e perdido no meio de um mundo que ele nunca irá dominar e compreender/totalmente".[6] A tradição religiosa é, portanto, um elemento agregador, uma forma própria de conceber o sagrado, uma identidade.

---

[5] FONAPER. *Ensino Religioso na diversidade cultural-religiosa no Brasil*, s/d, p. 14.

[6] FONAPER, Caderno 2, s/d, p. 19.

A tradição religiosa pode ser uma dessas identidades conservadas ou uma tradição modificada pelas novas identidades conquistadas no contato com as novas tendências sociais que também podem estar presentes na escola porque estão na sociedade.

As tradições religiosas, mesmo deformadas por sua ação histórica, contêm projetos e imagens de vida nos quais se mantém (e encontram aí seu contorno) a ânsia do ser humano pela totalidade e pela salvação, sua esperança de que a vida não seja despedaçada, mas una, de que as mutilações sofridas pela vida não sejam tudo.[7]

Cultura e tradição religiosa estão conectadas entre si, pois o que se vive culturalmente alcança todas as dimensões da vida, inclusive de modo integrado.

As tendências atuais na área da religião indicam para um ecletismo religioso. A nova configuração social quanto ao quadro religioso apresenta-se difusa e, por vezes, até sincrética.

Nessa passagem de uma tradição religiosa pura para uma religiosidade que beira ao ecletismo, a tradição religiosa familiar também se reconfigura e passa a não ter apenas uma identidade, mas várias identidades. Essas diferentes identidades são resultado da mesclagem da identidade religiosa familiar, que tem grande influência cristã na maioria das vezes, com as tendências gerais da sociedade em termos religiosos. E isso é repassado à escola pela cultura familiar incorporada no modo de pensar e agir de cada estudante. No entanto, é possível que os purismos doutrinais presentes na concepção religiosa familiar também possam vir para a escola por meio da cultura familiar expressa na vida de cada estudante e gerar conflitos e desconfortos em sala de aula.

---

[7] METTE, Norbert. *Pedagogia da Religião*. Petrópolis, RJ: Vozes, 1999. p. 170.

O papel da família e da escola

A configuração e o papel da família mudaram ao longo dos tempos, enquanto a escola não apresentou as mesmas transformações. As tecnologias e as mídias, novos costumes e hábitos, concepções morais mais elásticas, os papéis sociais de mulheres e homens reconfigurados fazem parte do novo quadro familiar.

Está acontecendo, também, um novo jeito de se viver e expressar a espiritualidade na família. Afirma Alves: "... as famílias contemporâneas convivem com novos tipos de comportamentos religiosos presentes em um processo constante de afiliação e *desafiliação*; ponto de apoio e linha de ruptura; objeto de proteção e lugar de reclusão, lugar de afirmação ou negação de identidades".[8]

E essa realidade adentra as portas das escolas. A própria tradição familiar vem carregada das cores do novo quadro religioso que se apresenta na sociedade. "Os padrões familiares vão se transformando e reabsorvendo as mudanças psicológicas, sociais, políticas, econômicas e culturais, o que requer adaptações e acomodações às realidades enfrentadas."[9]

Há, portanto, menos possibilidades de que haja uma tradição religiosa familiar pura, sem qualquer ecletismo, mas podem existir famílias fechadas em suas concepções religiosas e que não admitam qualquer outra versão teológica, a não ser a sua.

É importante que a família não alimente a disputa religiosa, mas estimule o respeito mútuo cultivando as suas tradições religiosas e considerando os conceitos da identidade e da alteridade.

A identidade caracteriza os traços específicos que distinguem as pessoas das demais, enquanto a alteridade é o reconhecimento da identidade da outra pessoa.

---

[8] ALVES, Maria Lúcia Bastos. Tolerâncias e intolerâncias religiosas no cotidiano familiar. *Revista Brasileira de História das Religiões*, ANPUH, ano I, n. 3, p. 2, jan. 2009.

[9] DESSEN; POLONIA, 2007, p. 24.

Nesse caso, não se abandonariam os traços da confessionalidade, nem as especificidades religiosas de cada estudante, tampouco seriam deixadas de lado as tradições religiosas próprias de sua vida familiar. "Reconhece-se que as espiritualidades das diferentes religiões tocam uma experiência comum da humanidade, mas respeitam-se as diferenças."[10] Isso significa que a escola pode, inclusive, ajudar cada estudante a resgatar a sua própria tradição religiosa familiar, entre outras tarefas.

Se a família absorveu as mudanças sociais, tanto no que tange aos benefícios quanto às dificuldades, a escola, bem menos permeável, está buscando uma ampliação ou uma ressignificação de seu papel social e de sua tarefa perante a sociedade.

> Uma de suas tarefas mais importantes, embora difícil de ser implementada, é preparar tanto alunos como professores e pais para viverem e superarem as dificuldades em um mundo de mudanças rápidas e de conflitos interpessoais, contribuindo para o processo de desenvolvimento do indivíduo.[11]

A escola é composta de pais, estudantes, docentes e funcionários; não é uma personalidade em si, é feita por muitas pessoas. Devido a isso, cabe à equipe diretiva organizar a participação de mães e pais no cotidiano escolar, apesar de todas as limitações dessa alternativa. À escola, como instituição formadora, cabe chamar e agregar os pais às temáticas escolares, tarefa muito complexa e delicada. No entanto possível. Mas com uma exigência diante de si: fazer do conteúdo acadêmico um meio para a aprendizagem e não um fim em si mesmo. "Dessa forma, os conhecimentos oriundos da vivência familiar podem

---

[10] MURAD, 2007, p. 124.

[11] DESSEN; POLONIA, 2007, p. 25.

ser empregados como mediadores para a construção dos conhecimentos científicos trabalhados na escola."[12]

Não podemos, no entanto, ficar alheios à problemática relação que existe entre família e escola. Alves[13] alude à relação entre o público e o privado, retratando a família como o lugar da naturalidade e da transparência e a sociedade como o lugar da vivência de um papel social almejado ou esperado. A partir disso, constata-se que nem sempre as realidades familiares são reveladas no espaço público. Diante disso, compreende-se porque muitos estudantes não gostam de revelar sua identidade religiosa no espaço escolar. Aquela velha concepção de que religião é uma dimensão de foro íntimo ainda está bastante arraigada, apesar de todo o ecletismo religioso já mencionado.

Ao se falar da relação de religião, família e escola fazemos referência a um imbricado processo em que três instituições sociais precisam dialogar incorporadas no mesmo espaço vital: a vida de um ou de uma estudante.

A espiritualidade na escola

Concordamos com a afirmação de Maria Lúcia B. Alves de que "as mudanças ocorridas no campo religioso e familiar implicam o reordenamento da vivência religiosa".[14] E a escola pode colaborar nesse reordenamento, passando a assumir a espiritualidade como um conhecimento válido a ser implementado no cotidiano escolar.

Falar da espiritualidade na escola não se restringe evidentemente à aula de Ensino Religioso, mas ao modo como a abordagem da espiritualidade é concebida no Projeto Político-Pedagógico e como isso se expressa no currículo oculto, isto é, à forma como a espiritualidade é demonstrada nos gestos, nas falas, nos elementos subliminares presentes no cotidiano. Como

---

[12] DESSEN; POLONIA, 2007, p. 27.

[13] ALVES, 2009, p. 5.

[14] ALVES, p. 4.

afirmam Dessen e Polonia: "... as escolas devem procurar inserir no seu projeto pedagógico um espaço para valorizar, reconhecer e trabalhar as práticas educativas familiares e utilizá-las como recurso importante nos processos de aprendizagem dos alunos".[15] O saber familiar não tem encontrado muito espaço nos encaminhamentos pedagógicos escolares. Projetos pedagógicos inter ou transdisciplinares podem dar conta desse enfoque. O enfoque geográfico poderia estar na confecção de um mapa das confissões religiosas presentes na sala e sua presença na mapografia da cidade e na organização de gráficos. Já a dimensão histórica poderia fazer-se presente no estudo da história das religiões incluídas no panorama social em evidência. O Ensino Religioso poderia trabalhar a sensibilidade ao transcendente e uma posterior reflexão sobre os sentimentos experimentados nas vivências religiosas feitas tanto no âmbito familiar quanto no escolar. Filhos e filhas poderiam entrevistar pais, mães, avós e avôs e trazer esses saberes para a escola ou estimular a presença de familiares para falar em aula sobre assuntos do tipo: como era a religião em nosso tempo de escola? O que eu pensava do valor da religião para a minha vida na minha juventude? Dessen e Polonia afirmam que "o conhecimento dos valores e práticas educativas que são adotadas em casa, e que se refletem no âmbito escolar e vice-versa, são imprescindíveis para manter a continuidade das ações entre a família e a escola".[16]

Enfim, seria o momento em que família, escola e comunidade estariam estabelecendo relações mais próximas. "A adoção de estratégias que permitam aos pais acompanharem as atividades curriculares da escola beneficiam tanto a escola quanto a família".[17]

Enfim, independentemente se em relação à espiritualidade ou a outros projetos escolares, torna-se essencial a existência de uma relação entre escola e família para que haja um reflexo

---

[15] DESSEN; POLONIA, 2007, p. 28.
[16] DESSEN; POLONIA, 2007, p. 28.
[17] DESSEN; POLONIA, 2007, p. 29.

sobre a sociedade num "processo de influências bidirecionais".[18] Esse processo consiste num trabalho conjunto entre família e escola, mas um encontro real, não apenas aquele que acontece por ocasião da entrega dos resultados escolares. Um encontro de duas vias em que grupos menores se sentam na mesma roda para conversar. Isso pode acontecer nas associações de pais e mestres, no conselho escolar, no preparo da festa escolar, no Dia da Família e em tantas outras possibilidades de integração entre escola e família que brotam do próprio contexto escolar.

A espiritualidade é trabalhada quando a escola vê como sua a tarefa de humanizar e de priorizar uma educação integral em que todas as dimensões da pessoa fazem parte do conhecimento escolar.

Referências bibliográficas

ALVES, Maria Lúcia Bastos. Tolerâncias e intolerâncias religiosas no cotidiano familiar. *Revista Brasileira de História das Religiões*, ANPUH, ano I, n. 3, jan. 2009. p. 2. Disponível em: <http://www.dhi.uem.br/gtreligiao/pdf2/texto%201.pdf>. Acesso em: 05 fev. 2013.

BRANDENBURG, Laude Erandi. *A interação pedagógica no Ensino Religioso*. São Leopoldo: Sinodal, 2004.

DESSEN, Maria Auxiliadora; POLONIA, Ana da Costa. A família e a escola como contextos de desenvolvimento humano. *Paideia*, Ribeirão Preto, v. 17, n. 36, abr. 2007, p. 21-32. Disponível em: <http://www.scielo.br/scielo.php?script=sci_arttext&pid=S0103--863X2007000100003&lng=pt&nrm=iso>. Acesso em: 05 fev. 2013. http://dx.doi.org/10.1590/S0103-863X2007000100003.

FONAPER. *O fenômeno religioso no Ensino Religioso* (Curso de Ensino Religioso a Distância). s.d., caderno 4, p. 15.

FONAPER. *Ensino Religioso na diversidade cultural-religiosa no Brasil* (Curso de Ensino Religioso a Distância), s/d, caderno 2, p. 14.

MURAD, Afonso. *Gestão e espiritualidade*: uma porta entreaberta. São Paulo: Paulinas, 2007.

---

[18] DESSEN; POLONIA, 2007, p. 22.

Formação docente: Ensino Religioso e os desafios no cotidiano da Escola Básica

Selenir C. G. Kronbauer*

Introdução

As discussões sobre a questão da formação docente, na perspectiva da diferença, têm suscitado reflexões e sublinhado a questão como tema inovador no que se refere aos currículos das Instituições de Ensino Superior e das Escolas de Educação Básica. A intenção deste artigo não é aprofundar debates sobre Ensino Religioso ou diferença cultural e religiosa, mas trazer para a discussão como se percebe a atuação dos e das docentes no contexto de formação e de atuação docente ao lidarem com esses temas.

A elaboração de propostas curriculares para os cursos de formação de docentes, em especial para o Ensino Religioso, tornou-se um desafio para as equipes pedagógicas, uma vez que se faz necessário pensar a escola como espaço de formação e constituição de pessoas, em articulação com as diferentes de saberes.

---

* Faculdades EST.

A concentração dos estudos poderá ser alicerçada pela necessidade de interlocução entre o que se aprende na formação acadêmica e o que se aplica na sala de aula. Talvez, antes de pensarmos na reorganização do currículo nas Escolas de Educação Básica, seja necessário ressignificar alguns conceitos e o próprio currículo dos cursos de licenciatura, tanto no que se refere à cultura local e global, à legislação e, também, o entendimento do que vem a ser essa multiplicidade de olhares com enfoque para a diferença, a religiosidade e para a pluralidade cultural.

Tardif (2008), ao dissertar sobre princípios para guiar a aplicação dos programas de formação inicial para o ensino, aponta, em sua análise, a necessidade de os programas dos cursos de formação docente selarem parceria forte com o meio escolar, ou seja, os programas dos cursos de licenciaturas deverão ter características comuns ao parceiro, nesse caso a escola básica, tendo em vista a preocupação com a aprendizagem dos e das estudantes da Educação Básica que serão alunos dos recém-formados.

Desafios da formação de docentes

Considerando as discussões acerca da formação de professores, podemos dizer que os desafios para a formação docente são permanentes, pois têm sido ampliados à medida que políticas de formação e questões da atualidade passam, de forma inevitável, a fazer parte do cotidiano da escola em interlocução com a vida fora dela. Nessa perspectiva, o que esperamos que esteja sendo ensinado aos docentes em formação? Qual a expectativa em relação à formação inicial dos docentes?

A partir das experiências profissionais com professores e professoras nos cursos de formação de professores (graduação, pós-graduação ou extensão), buscam-se atualizar o máximo os conteúdos a serem desenvolvidos no currículo, de modo que contemple as diferenças e as realidades presentes na escola como um todo e, especificamente, nas atividades na sala de aula.

Na realidade, espera-se que os programas de formação tenham um olhar para as necessidades da Educação Básica e que, ao mesmo tempo, se manifeste com um programa que atenda às diferenças presentes na vida das pessoas. Nesse sentido, Freire (1996, p. 25) afirma que não há docência sem discência; as duas se explicam e seus sujeitos, apesar das diferenças que os conotam, não se reduzem à condição de objeto, um do outro. Quem ensina aprende ao ensinar e quem aprende ensina ao aprender.

Em consonância com as ideias de Tardif (2008: 26), quando aponta para a necessidade de um programa centrado nos estudantes e em seu aprendizado, e não em critérios administrativos ou nos interesses e nas crenças dos formadores, pois o objetivo de um programa não é satisfazer os formadores na repartição dos cursos, mas sim fazer que os alunos aprendam os elementos essenciais de sua futura prática profissional, ou seja, saibam como lidar com as diferenças, com as diferenças ao chegar à sala de aula.

Diferença cultural, religiosa e relações étnico-raciais no currículo escolar, embora sejam temas importantes para a formação dos sujeitos e tenham boas perspectivas para serem pesquisados e trabalhados no cotidiano da escola, ainda são temas sem muita visibilidade no cenário educacional atual. Nesse sentido, urge que esses estudos tenham relevância nos espaços de formação de professores, seja na formação inicial ou continuada.

Ensino Religioso, diferença religiosa e o contexto educacional

Nos últimos trinta anos, diferentes olhares e desafios para estudos sobre formação de professores têm sido apresentados em Programas de Pós-graduação, em diversas partes do Brasil. Vários desses estudos resultaram em trabalhos de conclusão, teses e dissertações referentes ao tema Ensino Religioso e o tema Diferença Cultural e Religiosa. Pesquisadores e pesquisadoras têm-se dedicado às análises, reflexões e indicações de novas pesquisas a partir desses resultados. Entre os trabalhos realizados, cito como exemplo o Mapa da Produção Científica do Ensino Religioso,[1] disponível em: <http://www.gper.com.br/?sec=noticias&id=2855>, organizado pelo professor Dr. Sérgio Junqueira/PUCPR.

Através do mapa acima citado e demais publicações sobre Ensino Religioso e Diferença Religiosa, podemos dizer que estamos diante de uma vasta bibliografia sobre os temas. O nosso desafio continua em relação à preparação, à formação de profissionais para atuarem nas escolas.

Considerando que temos a Constituição Federal, a Lei de Diretrizes e Bases – LDB n. 9.394/96, estabelecendo que o Ensino Religioso é componente curricular obrigatório. Os Parâmetros Curriculares Nacionais para o Ensino Religioso estão nos apontando sobre a necessidade de uma formação específica para o professor que irá atuar nesse componente curricular.

Eis uma pergunta que nos instiga: Qual a concepção de currículo para melhor compreendermos sobre a formação específica dos professores e das professoras de Ensino Religioso?

Alguns referenciais para elucidar o questionamento

O currículo, de acordo com Krahe (2000), tem-se configurado como ação viva e concreta que transcende os muros da escola e "invade" o contexto social. Desse modo, da forma como as situações têm-se apresentado em relação aos diferentes espaços educacionais, percebe-se que ainda nos deparamos com o desafio de entendermos qual concepção de sociedade tem sido a base para a formulação de um currículo escolar na perspectiva

---

[1] A pesquisa iniciada em 2007 e o relatório finalizado em janeiro de 2013 apresentam o Mapa da Produção Científica do Ensino Religioso no Brasil, o qual poderá contribuir para a identificação do que está sendo produzido sobre esse componente curricular.

da emancipação humana, da diferença e da inclusão de modo geral. De acordo com Gatti:

> A busca de novos currículos educacionais, de novas relações de ensino e de uma formação ao mesmo tempo polivalente e diversificada de professores, as propostas de transversalidade de conhecimento em temas polêmicos, mostram que a área educacional encontra-se no meio desse movimento em busca de alternativas formativas, tanto para os próprios formadores, como para os alunos. Estamos todos, com certeza, partilhando dessa angústia: os professores diante de seus alunos, os gestores em suas redes de ensino, os formadores de professores, os pesquisadores com suas dúvidas e perguntas (GATTI, 2008, p. 14).

Pensar um currículo a partir da transversalidade implica forte investimento na formação de professores. Placco (2006) parte do entendimento de que a formação de professores merece atenção especial no que se refere à construção de significados e de conceitos construídos com consciência e com intencionalidade. Ao dissertar sobre "Perspectivas e dimensões da formação e do trabalho do professor", desenvolve a ideia de que:

> Se o professor atua com uma primordial função, a de formar cidadãos plenos, capazes de intervenção digna, produtiva e consistente na sociedade, este deve ser, então, o foco de sua formação, promovendo a inclusão social do aluno sob sua responsabilidade formativa: o aluno em sua complexidade, o aluno em suas possibilidades, o aluno em suas necessidades singulares e coletivas. Se esse aluno deve ser olhado em sua multiplicidade, também a formação do professor precisa desencadear seu desenvolvimento profissional em múltiplas dimensões, sincronicamente entrelaçadas no próprio indivíduo (PLACCO, 2006, p. 251).

163

O currículo visto e organizado como "ação viva e concreta", segundo Krahe (2000), é o que se espera nos planos e projetos das escolas de formação e na Educação Básica, como lugar de aplicação prática. O que nos falta são as ações concretas que estaremos desenvolvendo para transformar a escola em espaços de promoção das diferenças. Altmann (2009), ao abordar sobre tradições religiosas, indica que a dimensão da diferença nos remete à possibilidade de intervenção, quando nos aponta além da possibilidade de respostas, também, representando a necessidade de transformar a escola para ser espaço de escuta, de descoberta da cultura, da crença do outro.

Esse lugar, igualmente, precisa prever uma equipe de trabalho que acompanhe as propostas de mudanças curriculares e coloque-as em prática. Soares (2012) enfatiza a necessidade de um engajamento por parte dos gestores públicos e das universidades, buscando iniciativas que oportunizem a formação acadêmica de docentes. Nessa reflexão, prioriza que o movimento organizado seja com enfoque nas necessárias fundamentações teóricas e metodológicas para o Ensino Religioso.

Se na formação inicial a aprendizagem acontece com significado em cada componente curricular, consequentemente há possibilidade de articulação dessas aprendizagens nos momentos em que os estudantes e as estudantes interagem e estabelecem suas relações, com os diferentes contextos onde circulam. Entende-se que aprendizagem se concretiza e o conhecimento terá sentido se der significado a questões da vida pessoal, profissional, enfim, da vida cotidiana da pessoa, valorizando as diferenças, as histórias de vida, a cultura e os conhecimentos anteriores.

Considerando as reflexões aqui realizadas, no caso da proposta de formação do professor para o Ensino Religioso, importante a colocação de Soares (2012), quando aponta a ideia de que a formação profissional deverá estar vinculada ao conhecimento científico sobre o estudo da religião, reforçando que será importante refletirmos sobre o Ensino Religioso (ER) desvinculado da confessionalidade.

A proposta de formação que almejamos prevê a possibilidade de inclusão de diferenças de temas em diálogo com os saberes específicos de cada componente curricular. De acordo com os Parâmetros Curriculares para o Ensino Religioso – PCNsRE (1997), ao referir-se aos profissionais da educação no Ensino Religioso, afirma que:

> Diante do mistério do Transcendente, a perplexidade do educador necessita antecipar à do educando para que junto possa responder às questões trazidas ou estimular outras perguntas. Sua síntese centra-se na própria experiência. No entanto, necessita apropriar-se da sistematização de outras experiências que permeiam a diferença de cultura (PCNRE, 1997, p. 27).

Os PCNsER estão nos apontando a necessidade de uma formação específica para o professor que irá atuar no componente curricular Ensino Religioso. Considerando o que nos indicam os PCNsER, essa capacidade de entendimento e antecipação que deverá ser desenvolvida para melhor atuação do profissional, necessariamente, precisa ser trabalhada no momento de formação inicial dos docentes que estão nos cursos de licenciaturas, seja com disciplina específica para melhor compreensão do papel e do lugar do Ensino Religioso, seja através de um curso de especialização com ênfase na formação de docentes para o Ensino Religioso.

Referências bibliográficas

ALTMANN, Lori. Diferença religiosa na perspectiva indígena. In: KRONBAUER, Selenir C. Gonçalves; STRÖHER, Marga Janete. (Org.). *Educar para a convivência na diversidade*: desafio à formação de professores. São Paulo: Paulinas, 2009. (Coleção Docentes em Formação).

GATTI, Bernardete A. Sobre formação de professores e contemporaneidade. Prefácio (p. 11-14). In: KRONBAUER, Selenir C. Gonçalves; SIMIONATO, Margareth Fadanelli (Org.). *Formação de professores:* abordagens contemporâneas. São Paulo: Paulinas, 2008. (Coleção Docentes em Formação).

KRAHE, Elizabeth D. Significações de currículo e reformas educacionais na perspectiva crítica. Capítulo da tese *As reformas na estrutura curricular de licenciaturas na década de 90: um estudo de caso comparativo: UFRGS (Brasil) – UMCE (Chile)*. Porto Alegre: Programa de Pós-Graduação em Educação, Faculdade de Educação, Universidade Federal do Rio Grande do Sul, 2000. Tese (doutorado). Texto digitado.

PCNER. *Fórum Nacional Permanente do Ensino Religioso*. 7. ed. Brasil. Ed. Ave Maria, 1997.

PLACCO, Vera M. N. S. *Perspectivas e dimensões da formação e do trabalho do professor: educação formal e não formal, processos formativos, saberes pedagógicos;* desafios para a inclusão social. Recife: Encontro Nacional de Didática e Prática de Ensino (ENDIPE), 2006. p. 251-261.

SOARES, Afonso M. L. Ciência da Religião, Ensino Religioso e formação docente (p. 87-100). In: KRONBAUER, Selenir C. Gonçalves; SIMIONATO, Margareth Fadanelli (Org.). *Articulando saberes na formação de professores*. São Paulo: Paulinas, 2012.

TARDIFF, Maurice. Princípios para guiar a aplicação dos programas de formação inicial para o ensino (p. 17-46). In: EGGERT, Edla et al. (Org.). *Trajetórias e processos de ensinar e aprender:* didática e formação de professores. Livro 1– Porto Alegre: EDIPUCRS, 2008.

Sumário

Prefácio
Luzia M. de Oliveira Sena 5

Introdução
Selenir C. G. Kronbauer e Afonso M. L. Soares 9

Contando histórias em sala de aula: uma dica para
o Ensino Religioso
Maria Celina de Queirós Cabrera Nasser 15

Ensino Religioso e espaço sagrado: um roteiro
pedagógico a ser explorado
Sérgio Rogério Azevedo Junqueira e Cesar Leandro Ribeiro 35

As linguagens no Ensino Religioso: interfaces com a Literatura brasileira
Remí Klein 53

Literatura, religião e educação: considerações a partir
da Ciência da Religião
Afonso Maria Ligorio Soares 65

Plantando raiz para colher flor: educação e aprendizado
nas religiões afro-brasileiras
Érica Ferreira da Cunha Jorge e Maria Elise Rivas 81

O Bem Viver e a cosmologia indígena
Cledes Markus 101

Espiritualidade e espiritualidades no contexto
das famílias católicas
José Ivo Follman 125

A espiritualidade na escola e a tradição religiosa familiar
Laude Erandi Brandenburg 149

Formação docente: Ensino Religioso e os desafios
no cotidiano da Escola Básica
Selenir C. G. Kronbauer 159

Impresso na gráfica da
Pia Sociedade Filhas de São Paulo
Via Raposo Tavares, km 19,145
05577-300 - São Paulo, SP - Brasil - 2013